Resgate de Almas

Umberto Fabbri
Pelo Espírito Geraldo Campos

Resgate de Almas

Umberto Fabbri
Pelo Espírito Geraldo Campos

Mundo Maior
Editora e
Distribuidora
FUNDAÇÃO ESPÍRITA ANDRÉ LUIZ
DESPERTANDO CONHECIMENTO

Resgate de Almas
Copyright by Umberto Fabbri

Mundo Maior Editora
Fundação Espírita André Luiz

Diretoria Editorial: Onofre Astinfero Baptista
Editor: Antonio Ribeiro Guimarães
Assistente Editorial: Marta Moro
Capa: Helen Winkler
Diagramação: Francisca Ferreira

Rua São Gabriel, 364, térreo
Guarulhos/SP – CEP 07056-090
Tel.: (11) 4964-4700
e-mail: editorial@editoramundomaior.com.br

Dados Internacionais de Catalogação na Publicação (CIP)
(Câmara Brasileira do Livro, SP, Brasil)

Fabbri, Umberto
Resgate de almas / Umberto Fabbri, Geraldo
Campos. -- 1. ed. -- São Paulo : Mundo Maior Editora, 2014.

1. Espiritismo 2. Romance espírta I. Campos,
Geraldo. II. Título.

14-11712 CDD-133.93

Índices para catálogo sistemático:
1. Romances espíritas : Espiritismo 133.93

Aprendendo...

O Senhor da Vida, em Sua Magnânima Justiça, nos proporciona a liberdade de escolher os caminhos, mesmo que estes sejam contrários às condições intrínsecas do ser, que são essencialmente o amor e a verdade.

Apesar de sermos deuses, conforme ensinamento de Jesus, em determinados instantes nos equivocamos de tal maneira, que somente um choque de amor poderá nos despertar do sono profundo, no qual nos enclausuramos.

Alguns personagens desta despretensiosa obra vivem uma realidade entre o desrespeito e a manipulação daqueles que se encontram alienados de sua verdadeira essência, que é a espiritual.

Muitos deles experienciaram as facilidades encontradas no plano material e, ao saírem do invólucro físico, se deparam com o total desconhecimento da realidade nova, que, nos tempos que correm, deveria ter sido assimilada, em virtude da metodologia reencarnatória fazer parte de nosso processo evolutivo há milhões de anos.

Entretanto, todos os frutos da árvore da vida necessitam de tempo para sua maturação e, somente nos casos extremos, a interferência se faz, como tratamento salutar e inadiável.

Realmente, esperamos que os personagens retratados em nossa história possam se tornar exemplos vivos para nossa proposta de renovação, nas bases milenares do Evangelho do Cristo e Senhor Nosso.

Paz em Jesus!

Geraldo Campos

Sumário

CAPÍTULO 1

Questões impositivas

Gabriel era um rapaz extremamente tímido, encontrando sérias dificuldades no relacionamento familiar. Sendo muito introspectivo, as amizades na escola eram mínimas, acentuando ainda mais o problema em seus estudos.

Terminara o primeiro ciclo, necessitando refazer um ano ou outro e, dessa forma, ficara defasado em idade com os demais colegas de turma, que buscavam na grande maioria das vezes ridicularizá-lo com o cognome de "repetente".

Aqueles tempos eram difíceis, sendo a educação calcada no machismo, quando não se levava em consideração o fato de o garoto sofrer discriminação. As reclamações não eram aceitas em casa, e a recomendação paterna ao filho primava por responder com violência a qualquer provocação. Caso ele aparecesse reclamando de ter sofrido algum castigo por parte de professores ou de seus colegas, receberia uma segunda dose para aprender a ser homem.

Homem não chora e não revela sentimentos, pois atitudes desta natureza poderiam demonstrar fraqueza de caráter, conforme lema paterno.

Por carecer de maior atenção e não receber um cuidado diferenciado nesse quesito, sua timidez transformou-se aos poucos em depressão, piorando muito sua situação nas questões relacionadas à família, pondo sua vida em risco.

A depressão, não sendo tratada como enfermidade naqueles tempos mais duros, era vista como ociosidade, falta de caráter, fraqueza moral e, até mesmo, influência demoníaca.

Não demorou muito tempo para o problema agravar-se significativamente, levando Gabriel a envolver-se com o álcool, na procura incansável de aliviar suas dores e desgostos pela vida que levava.

Definição simples para os seus atos: Gabriel, tentando sair de um buraco, saltou para um precipício. A bebida aliviava os sintomas por um curto período de tempo, sendo necessário o aumento da dosagem a cada dia.

Isso transformou a relação familiar em um verdadeiro inferno. Seu pai, muito cioso dos valores morais da época, em busca da defesa da família, resolveu expulsar Gabriel de casa, apesar das rogativas maternas, para que a punição não se consumasse.

Tratava-se do filho mais velho e o único varão, de um total de seis. Suas irmãs quiseram interferir na decisão paterna, mas, diante de tanta rigidez, foram devidamente acuadas com ameaças de espancamento.

Em virtude de o alcoolismo não ser entendido como enfermidade das mais sérias, dependência química de difícil controle, Gabriel recebia dentro do próprio lar a pecha de bêbado e vagabundo.

Foi dessa forma que, certo dia, o enfermiço rapaz encontrou na porta de casa suas roupas enroladas em um cobertor, podendo ouvir os gritos de seu pai com a esposa, ameaçando-a de morte, caso ela tentasse qualquer medida contrária à sua vontade, buscando reverter à decisão tomada.

Com sua trouxa, vendo que nada mais restava a fazer, lá se foi Gabriel para um futuro sombrio, incerto e sem qualquer nesga de esperança. Seu abatimento cresceu consideravelmente com a rejeição que sofrera por parte do genitor. Pensou em vingar-se da decisão paterna. Em seus pensamentos, seria uma questão de fazer justiça com as próprias mãos, dar o troco ao desprezo recebido.

Saiu rapidamente da região onde residia até então e, em questão de dias, resolveu pôr seus pés na estrada.

O pouco dinheiro que possuía foi transformado em garrafas de cachaça, acreditando que o produto pudesse anestesiar um pouco sua infelicidade.

O rapaz transformou-se em um andarilho, um mendigo alcoólatra, vagando de cidade em cidade. Naquela época, no interior do país, mendigos não eram bem vistos nas comunidades, sendo por vezes expulsos de maneira violenta de determinados locais, onde clamavam por um simples pedaço de pão.

A grande maioria recusava atender-lhe, porque diziam que qualquer valor ofertado para aquele desocupado seria transformado em bebida. Era melhor negar-lhe, para que deixasse de ser um bêbado e procurasse trabalho digno como um homem que era.

Os anos de existência terrena seriam reduzidos para Gabriel, pois o álcool já fizera um trabalho intenso no consumo de suas forças, aliado à situação de miséria em que vivia.

Em uma viagem a pé, de uma cidade para outra, o moço foi atropelado por um motorista irresponsável, que o deixou agonizando à beira da estrada, negando-lhe socorro.

Ao sair da constituição física, notou-se mais leve, porém, mantendo a mesma configuração orgânica. Olhando para o próprio cadáver, tomou-se de horror incontrolável, vendo aquela figura despedaçada, ao mesmo tempo em que sentia a vida pulsar em seu interior sem nenhuma alteração significativa.

Quis sair correndo dali, mas sentiu que suas pernas lhe faltaram. Algo ainda o prendia à massa corpórea sem vida. Surpreendeu-se quando surgiu à sua frente um homem musculoso, com roupas imundas e atitudes de comandante de um grupo de esfarrapados, dizendo:

– Vejam vocês o passarinho que encontramos. Não é uma beleza? Tirem ele dessa agonia que está com o corpo morto e vamos levá-lo conosco.

Gabriel ficou perplexo: como morto? Estava mais vivo do que nunca. Aquele sujeito deveria estar mais alcoolizado do que ele e vendo coisas...

Teve a impressão de que algo violento desligava determinados cordões que o prendiam àquele cadáver desfigurado, sentindo-se mais fraco ou mais leve naquele instante. Não saberia precisar aquela sensação estranha.

Recebeu uma ordem direta do grandalhão, assim que conseguiu manter-se sobre as próprias pernas:

– Agora, você pertence ao nosso grupo. Se o seu comportamento for adequado, atendendo a todos os meus comandos, sua vida será mais fácil. Caso contrário, eu mesmo me encarregarei da disciplina. Portanto, tenha cuidado e não faça nada que eu não saiba ou fora de minhas determinações. Você me entendeu?

– ... Sim...

– Não ouvi direito. Você me entendeu? Diga...

– Sim, senhor. Entendi perfeitamente. Nada que seja contra a sua vontade e determinação. Pode ficar sossegado, porque não tenho mesmo para onde ir, nem ninguém no mundo...

– Ótimo. Então seremos a sua família. Como se chama?

– Gabriel. E o senhor?

O grandalhão deu uma gargalhada estridente, sendo acompanhado pela malta, que lhe imitava muito mais por receio de suas atitudes violentas do que propriamente por haverem entendido o motivo de seu sarcasmo.

– O passarinho tem nome de anjo... Só me faltava mais essa... Anjinho Gabriel... Rá rá rá...

– Meu nome é Vasco, Anjinho Gabriel. Chefe Vasco para você também! Diga-me uma coisa: está com fome?

– Tenho muita sede, chefe. Preciso beber alguma coisa, porque sinto meu corpo todo estremecer pela falta que me faz a cachaça...

– Pessoal, o anjo Gabriel está com sede. Vamos dar-lhe de beber logo – afirmou gargalhando novamente.

– Rápido, vamo-nos daqui para um local onde possamos matar a sede e dar-lhe as primeiras lições a respeito do assunto. De anjo, vamos transformá-lo em um verdadeiro demônio. Vasco finalizou olhando profundamente nos olhos de Gabriel, demonstrando todo o ódio que mantinha em seu íntimo.

CAPÍTULO 2

O magnetizador

O grupo começou a movimentar-se, porém, Gabriel não conseguia acompanhá-los, diante de uma fraqueza que jamais experimentara. Depois de alguns minutos de caminhada, cambaleante, acabou prostrando-se no asfalto da estrada. Sua respiração era ofegante, dando-lhe a impressão de que o ar estava rarefeito. Sentindo vertigens estranhas, desmaiou.

Foi despertado por Vasco que, esbofeteando suas faces bruscamente, o colocou em pé e ordenou:

– Zéfiro, Evaristo, carreguem o Anjinho até que ele se restabeleça. Um dos comandados fez caras de poucos amigos em relação à ordem recebida. Imediatamente, Vasco avançou em sua direção e, após alguns empurrões, gritou:

– Quem você pensa que é, seu animal? Como ousa me desobedecer?

– Não desobedeci, chefe – respondeu Zéfiro, amedrontado.

– Não quero ninguém contestando meu comando nem em pensamento. Aquele que tentar vai pagar muito caro. Isto serve para você também, Anjinho.

Gabriel percebeu imediatamente a dureza com a qual seria tratado por aquele sujeito. Mas o que fazer? Para onde ir? Não conseguia atinar com as coisas. O grandalhão dissera que ele estava morto.

Morto? Como? Estava mais vivo do que nunca? Olhava para o seu corpo, verdadeiro farrapo humano, porém, a forma era a mesma. E a debilidade física? Não seria pela falta da alimentação e da cachaça que havia bebido no dia anterior? Não se tratava de uma ressaca daquelas?

Pensaria nisso depois, porque mal conseguia dar alguns passos. Parte do percurso foi carregado como se fosse um verdadeiro cabide humano, sendo praticamente arrastado.

Depois de uma caminhada que Gabriel teve a nítida impressão que durou uma eternidade, chegaram próximo a um boteco de beira de estrada, frequentado por tipos muito esquisitos, alguns deles jogando *snooker* em uma mesa malcuidada e com a forração imunda, como todo o ambiente.

Vasco ordenou:

– Tragam o Anjinho aqui e o coloquem em cima do balcão.

Foi obedecido imediatamente, pelos dois indivíduos que se incumbiam de carregar Gabriel.

Vasco aproximou-se de dois homens que se encontravam próximos do balcão encardido, bebericando cachaça e cerveja ao mesmo tempo, mastigando pedaços de linguiça frita e, com gestos rápidos sobre o centro de força gástrico, começou a retirar uma substância leitosa, sugando-a como um verdadeiro vampiro.

Em seguida, acercou-se de Gabriel e, como se utilizasse do recurso de respiração ressuscitatória, transferiu parte daquele produto para o rapaz.

Não demorou muito para Gabriel sentir-se melhor, mais energizado e, aos poucos, conseguiu sentar-se no balcão. A cabeça doía e ainda rodopiava um pouco, mas a sensação diminuía gradativamente.

Pôde observar que o chefão autorizou que o grupo todo se aproximasse dos frequentadores e passasse para a diversão.

As cenas eram desprezíveis, com várias entidades estimulando o centro de força gástrico dos encarnados, retirando fluidos oriundos da bebida que faziam uso, em um processo de vampirização horripilante, enquanto outros espíritos pareciam cochichar com os encarnados, incentivando ao maior consumo de bebidas e petiscos que eram servidos sem nenhuma higiene.

Passadas algumas horas da orgia alcoólica, quando alguns dos encarnados encontravam-se completamente embriagados, com as entidades mais próximas, demonstrando as mesmas sensações provocadas pela vampirização dos vapores do álcool, sugados sem qualquer cerimônia, Vasco reassumiu o controle, ordenando:

– Já está de bom tamanho. Deixem os caipiras curtindo o fogo e vamos em busca de mais diversão. Tem uma casa de facilidades aqui próxima.

Com o comunicado, parte do grupo exultou. Aqueles que estavam muito embriagados continuavam largados pelo chão.

Uma das entidades questionou:

– Chefe, e os nossos amigos que estão completamente embriagados? Que faremos?

– Deixem-nos aí. Voltaremos depois para buscá-los. Quem bebe muito perde o melhor da festa. Vamos logo...

O grupo que se encontrava mais sóbrio estava preparando-se para sair, quando Zéfiro, querendo mostrar-se preocupado, mais interessado em bajular Vasco do que propriamente interessado em Gabriel, inquiriu:

– Vasco, vamos levar o Anjinho ou deixamos aí com os outros?

– Vamos levá-lo. Ele receberá mais uma injeção energética para dar continuidade em sua recuperação. Veja que o infeliz não consegue ainda se manter com as próprias forças. Paralelamente, nada como umas lições mais quentes para aumentar o ânimo – respondeu gargalhando.

Saíram fazendo verdadeira algazarra, com Zéfiro apoiando Gabriel, que se sentia um pouco mais disposto.

Aproximaram-se de uma casa que mantinha apenas uma iluminação externa muito discreta, quase na penumbra, buscando proteger os frequentadores de qualquer inconveniente quanto à identificação.

Vasco seguiu à frente e foi reconhecido por um desencarnado, que fazia o papel de porteiro.

– Como vai, meu querido amigo? Faz tempo que não o vejo por estas bandas...

– Andei ocupado. E o Virgílio, está por aí hoje?

– O chefe não larga mão do trabalho de coordenação do local, você sabe. Entrem, entrem, porque ele terá muita satisfação em revê-los.

Foram recebidos por Virgílio, uma entidade infeliz, apresentando várias deformações na face, parecendo-se mais com um rato do que um ser humano, um tanto corcunda, o que acentuava as características de um roedor.

Saudou Vasco com um linguajar deselegante, eivado de palavras de baixo calão. Em seguida, curioso com o novo visitante, dirigiu-se para o recém-chegado:

– Quem é o magrelo que está com Zéfiro?

– Esse é o anjo que nós encontramos perdido na estrada. Tinha acabado de deixar a carcaça por atropelamento. Ainda não está entendendo muita coisa em relação ao seu estado, porque está caindo pelas tabelas de tão fraco.

– Não entendi o "anjo"?

– Ele se chama Gabriel, tem nome de anjo – respondeu Vasco rindo estridentemente, sendo acompanhado por Virgílio e pelas demais entidades que se encontravam próximas.

– Precisamos dar a ele as boas-vindas da Berenice. Ela está bem e em forma. Poderá fazer certa doação de fluidos para restabelecer o seu Anjinho – concluiu Virgílio, provocando mais gargalhadas da malta toda.

Passados mais alguns minutos de uma conversa infame e infeliz, Virgílio conduziu Vasco, Gabriel e Zéfiro para um dos aposentos da casa. Ao entrarem deram com a figura de Berenice, uma moça de seus 30 anos, que se utilizava de uma seringa, injetando heroína em suas veias.

Foi Virgílio que quebrou o silêncio, orientando:

– Coloquem o magrelo na cama e vamos proceder à operação rapidamente.

Vasco aproximou-se de Virgílio e ambos sugaram fluidos vitais de Berenice, transferindo parte para Gabriel, que se encontrava estirado na cama. Com esse procedimento, via-se que a pobre moça perdia parte de suas forças, aumentando exponencialmente os efeitos da heroína em seu organismo, que ficava naquele momento menos energizado.

O processo se dava por assimilação e transferência, no qual a dupla que agia sobre Berenice se fortalecia com os fluidos vitais vampirizados e, com a imposição de mãos sobre determinados centros de força de Gabriel, procediam a transferência de certa quantidade.

Podia-se observar que se tratava de dois magnetizadores extremamente bem preparados na arte de se utilizar desse recurso, de maneira imprópria evidentemente, porém, com resultados significativos em seus propósitos.

Ao encerrarem a macabra sessão, entreolharam-se e Vasco falou:

– Virgílio, percebo que você está cada vez mais afiado na "arte".

– Tive para quem puxar, porque o professor foi o melhor que eu poderia ter encontrado, não é, Vasco? – piscou para o amigo, como pupilo agradecido pelas lições recebidas.

Gabriel entrara em sono profundo, quando Zéfiro adiantou-se:

– Chefe, o que faremos com o rapaz?

– Ele precisa descansar. Mais tarde, antes de partir, voltamos e despertamos o nosso anjo. Agora, vamos nos divertir...

CAPÍTULO 3

Atitudes deprimentes

Quando despertaram Gabriel, já passava das dez horas da manhã.

Zéfiro sacolejou rudemente o rapaz para que ele acordasse do sono profundo em que se encontrava, completamente anestesiado pela debilidade de que era portador.

Gabriel foi despertando aos poucos, como se tivesse saído de um pesadelo profundo e, virando-se para Zéfiro, perguntou:

– Nossa, que horas são?

– Já passam das dez horas...

– Tive um pesadelo enorme, cheio de seres estranhos junto ao grupo que encontrei na estrada e um deles ria e me informava que eu acabara de morrer. Que loucura!... A cachaça está realmente acabando com o meu cérebro...

Neste mesmo instante entrou no aposento o líder um tanto contrariado, questionando:

– Por que demoram tanto? O que está havendo?

– Chefe, ele está muito confuso e um tanto fraco ainda...

– É o efeito da heroína que ele absorveu quando da transferência dos fluidos que fizemos ontem à noite. O cara está meio chapado. Chega de conversa e ajude-o a se levantar. Precisamos partir, porque temos serviço encomendado.

Zéfiro visivelmente contrariado enlaçou Gabriel pela cintura, colocou-o em pé e foi conduzindo o rapaz, que andava ainda com dificuldades.

Após alguns passos, Zéfiro disse:

– Vê se toma jeito, cara. Eu não posso ficar de muleta o tempo todo. Trate de andar.

Gabriel percebeu que podia caminhar, apesar das vertigens que sentia. Era melhor o esforço do que aguentar aquele sujeito mal-humorado reclamando no seu ouvido. Gradativamente, sua lucidez aumentava com o passar dos minutos. O efeito da droga assimilada na transferência fluídica se dissipava.

Vasco deu ordem para partirem e se colocarem na estrada rumo à cidade próxima.

Durante o trajeto, Gabriel aproximou-se e tentou iniciar uma conversa com o líder, com muito cuidado nas palavras.

– Chefe, posso fazer uma pergunta? Se o senhor permitir, é claro.

– O que é?

– O senhor poderia esclarecer como uma pessoa pode estar morta se tudo continua tão normal?...

Vasco gargalhou e respondeu:

– Você é um ignorante mesmo. Ninguém morre, seu estúpido. Saímos do corpo em definitivo e ficamos vivendo normalmente com esse revestimento mais sutil, cujas necessidades são muito semelhantes ao corpo grosseiro, que se deixa quando da morte dele. Na minha infância, frequentava a igreja por imposição de meus pais e ouvi um padre falar que o Apóstolo Paulo chamava essa nossa carcaça atual de corpo espiritual. Sei lá se é isso mesmo; mas o importante é que estamos mais vivos do que nunca.

– E Deus, Jesus, julgamento dos nossos erros, o céu e o inferno?

Nova gargalhada mais estridente de Vasco, que completou:

– Você parece uma criança assustada. Isso tudo é mentira de padres para nos assustar e nos manter no cabresto. Deus não existe nem tampouco essa história de céu e inferno. Jesus é uma criação dos próprios homens, para enganar os trouxas.

– Mas, se ninguém morre, chefe, quais os motivos de estarmos nesta situação?

Vasco, demonstrando seu total desconhecimento a respeito da vida e ao mesmo tempo não querendo ser mais questionado por não ter respostas adequadas, finalizou:

– É assim que é. Vivemos e não morremos como se acredita. Só o corpo é que está diferente. Chega de conversa fiada que eu tenho muito com o que me preocupar.

– Desculpe, chefe. Mas, se eu posso fazer uma comparação, vai ver que o inferno é continuar do jeito que estamos. Sinto necessidade de beber, até mesmo de mastigar alguma coisa.

– Então, fique calado e continue caminhando. Daqui a pouco lhe dou algo para comer e, se você se comportar lhe arranjo um pouco da pinga que lhe faz falta.

Chegaram aos arredores da cidade, onde localizaram um bar. O relógio já marcava meio-dia e algumas pessoas comiam salgados, que eram fritos em óleo de qualidade e estado duvidoso, por causa do tempo de uso.

Na realidade, mais bebiam do que se alimentavam. Quase todos tinham um copo de cachaça ou cerveja em suas mãos.

Vasco, querendo impressionar o novo membro de seu bando, falou:

– Veja, Anjinho, como se faz. Aproxime-se e aprenda com o mestre.

Chegando próximo de um senhor de meia-idade, cuja aparência demonstrava a dependência química no álcool já de longo curso, aplicou-lhe movimentos circulares no centro de força gástrico e começou a retirar fluidos das bebidas ingeridas e um pouco do alimento consumido. Fios tênues um tanto esbranquiçados pareciam sair do estômago da falsa vítima, sendo sugados por Vasco, que manifestava sensações de extremo prazer.

Virando-se para a turba, autorizou:

– Agora vocês podem se servir à vontade.

Os vampiros atacavam todos aqueles que se mostravam descuidados de si mesmos. Gabriel percebeu que apenas duas ou três pessoas no ambiente não permitiam a aproximação dos colegas do bando.

O líder, empurrando Gabriel, questionou:

– Você vai ficar aí olhando? Beba e coma logo, antes que eles acabem com tudo...

– Mas, chefe, eu não sei como se faz isso...

– Idiota. Então, fique com os restos. Vá lamber direto nos copos e nas sobras que estão no lixo. Depois peço ao Evaristo ou outro do grupo que lhe dê umas aulas. Vá logo, antes que eu me aborreça e o deixe sem nada.

O desespero de Gabriel era tamanho que suas atitudes foram simplesmente deprimentes. Como um cão abandonado e famélico, atacou as latas de lixo do local, sorvendo fluidos dos restos, sofregamente.

Novo comando de Vasco e todos começaram a deixar o ambiente, sendo que um dos componentes do time, fazendo troça, gritou:

– Chefe, nós não temos um anjo conosco, mas um cão vira-latas.

Todos riram descontroladamente, vendo a cena deprimente em que Gabriel se encontrava. O pobre rapaz, virando-se para o líder, disse:

– Perdoe-me, chefe, mas eu estava com muita fome e sede.

– Veja se aprende logo as técnicas para não deixar esses imbecis ficarem rindo de sua cara, entendeu, Anjinho?

– Sim, senhor. Perfeitamente...

CAPÍTULO 4

Perguntas sem respostas

Ao se afastarem do ambiente onde se realizara aquele evento degradante, Gabriel resolveu aproximar-se de Evaristo que, de todos os componentes do grupo, parecia ser o menos agressivo, detendo um pouco mais de conhecimento, comparado aos demais.

Com muito tato, iniciou a conversa:

– Evaristo, por favor, você poderia me informar sobre um fato que observei no bar que acabamos de deixar?

– Fale, o que foi que chamou sua atenção?

– Das pessoas que lá se encontravam, não sei se vivas ou mortas, porque não consigo ainda entender muito bem a minha situação, percebi que duas ou três não permitiam a aproximação de ninguém de nosso bando. Por quê?

– Primeiro, vamos deixar claro uma coisa definitivamente. O seu corpo morreu, entendeu?

– Estou tentando, mas é tão difícil. Não consigo atinar direito essa informação. Estou mais vivo do que nunca...

– É bom que você aceite esse fato o mais rápido possível e pare de questionar o nosso chefe, que vai acabar perdendo a paciência com você. Aceite isso e ponto final. Também não sei mais do que você.

– Em relação àqueles três que ninguém conseguiu aproximar-se, trata-se de encarnados neutros. Os chamados neutros não possuem dependência alguma que possamos aproveitar. Provavelmente deveriam ser funcionários de alguma empresa, que estavam cumprindo seu horário de almoço. Como não se envolvem com produtos, os quais abrem as suas proteções para o nosso ataque, não conseguimos tirar proveito algum desse povo.

– Mas basta não ser dependente químico, por exemplo, para se livrar de nossa aproximação, Evaristo?

– Não! Os pensamentos que nutrem são importantes também. Você vai acabar notando que os pensamentos são verdadeiros canais abertos à nossa aproximação ou repelentes poderosos. Vasco disse, certa vez, que os encarnados que procuram pensar bem, na grande maioria do tempo, não permitem nossa aproximação facilmente.

– Certa vez, tentei me achegar a uma senhora que orava em sua casa, cujo filho havia atraído uns quatro membros de nosso time, pelo uso constante de cocaína. Ela fazia preces, exatamente para que o rapaz pudesse alterar seu comportamento em relação à droga que consumia. Quando isso acontecia, as orações desenvolviam uma malha condutora de um tipo específico de eletricidade, que nos afastava momentaneamente do rapaz ou até mesmo do local. Em uma das oportunidades, fiquei irritado com as interferências dela e me aproximei sorrateiro, insuflando ideias derrotistas e depressivas. Bastou para que ela recorresse imediatamente as suas orações, para que eu levasse um choque, que me fez desistir de importuná-la e deixar definitivamente o ambiente.

– Sempre acontece assim?

– Nem sempre, porque uma boa parcela da população tem a prece na boca somente, como um mero repetir de palavras, não sentindo nada do que dizem.

– Mas Evaristo, se Deus não existe, conforme o nosso chefe afirma, para que recorrer à prece? Orar para que ou para quem?

– De uns tempos para cá, eu tenho dúvidas sobre se Deus existe ou não? Aqui entre nós, eu creio até ser possível que Ele exista verdadeiramente, senão muita coisa não faria sentido. Mas não sei como lhe explicar. Nunca fui homem que tivesse interesse nesse assunto. Sempre gostei das festas que promovia ou frequentava. Aliás, continuo gostando e muito, diga-se de passagem. Quando meu corpo morreu de tanta bebida, drogas e farras, encontrei imediatamente Vasco e sua trupe. Eles disseram que frequentavam a minha casa já de algum tempo e que eu era muito bem-vindo.

– Como nunca me preocupei em esclarecer certas dúvidas a meu próprio respeito, inclusive, continuo dando de ombros para muita coisa, porque a maneira que vivo me faz feliz.

– Feliz? Mas será que não estamos no inferno? Nós nem sabemos o que fazer ou para onde ir...

– IIhhh, Anjinho. Você tem bebido pouco. Vou lhe ensinar as técnicas no menor tempo possível, para que sua absorção de fluidos seja maior e aí você para de se preocupar com isso.

– Mas Evaristo, estou exausto dessa vida. Sei que necessito do álcool mais do que qualquer coisa nesse mundo. Sou um doente e tenho plena convicção quanto a isso. Achei que morrer poderia ser melhor, mas o drama continua. Não é possível fazer mudanças?

– Não, não é possível. O que você pode fazer realmente é aprender logo o que vou lhe ensinar e buscar tirar proveito de cada situação. Caso contrário, para onde você irá? Vai ficar vagando até que outro grupo o encontre? Pode ser que sua existência fique ainda mais difícil.

– Vasco, perto de outros que eu pude conhecer, é o mais brando e nos dá a maior moleza.

– Os que morrem, então, vivem em grupos assim?

– Que eu saiba, não existe outra forma, para nós especificamente. Não sei para onde vão os carolas, o pessoal bonzinho etc., etc. Não sei e também não tenho nenhuma curiosidade, porque deve ser uma ociosidade só. Prefiro o agito, a badalação, as festas regadas a bebida, drogas e tudo o mais que eu tenha direito. Você me entende, não?

– Estou tentando, estou...

De repente, a figura carrancuda de Vasco surgiu à frente dos dois rapazes gritando:

– O que tanto vocês tagarelam? Parecem duas comadres. Deixem de conversa fiada, principalmente você, Anjinho. Se eu pegar você fazendo perguntinhas novamente, vou lhe dar um corretivo para que nunca mais abra a sua boca. Estou sendo claro?

– Sim, senhor!

– E você, Evaristo, se tem que ensinar alguma coisa para esse moleque, faça isso logo ou deixe que ele se vire.

– Pode deixar, chefe. O Anjinho vai ficar muito bom na "arte de magnetizar e sugar".

CAPÍTULO 5

O verdadeiro inferno

Não demorou muito tempo para que Gabriel alcançasse excelentes resultados nas técnicas de magnetização que Evaristo, como orientador aplicado, orientava com desvelo, ao perceber o interesse do novo integrante do grupo.

A *performance* de Gabriel era melhor em qualidade quando comparada ao próprio líder. Vasco sentia-se orgulhoso de tê-lo no seu time.

Chamando o rapaz para uma conversa particular, querendo parecer gentil, perguntou:

– Como você está se sentindo ultimamente, percebendo que possui o dom de magnetizar com grande capacidade?

– Continuo sendo o mesmo, chefe. Evaristo é um bom professor neste particular.

– Sim, ele tem feito um bom trabalho realmente, porém, o que você possui é um dom e poderemos utilizá-lo para vários serviços que nos encomendam. Tenho compromissos a saudar e vou necessitar de seu auxílio.

– Compromissos, chefe? Sei que o senhor não gosta muito de perguntas, mas como posso ajudá-lo?

– Simples. Quando uma pessoa causa algum dissabor para você, qual a sua atitude?

– A rigor, sinto desejo de vingança.

– No momento, você gostaria de se vingar de alguém?

– Não sei, talvez de meu pai, que me expulsou de casa, apesar das rogativas de minha mãe, para que não procedesse assim.

– Muito bem. Vou tomar esse episódio como exemplo: suponhamos que a sua decisão seja realmente a de se vingar do seu genitor. Como poderia ser feito?

– Não faço a mínima ideia, chefe.

– Associações, Gabriel, parcerias. Você não sabe, mas eu sei. Agiríamos em conjunto, até que os seus conhecimentos fossem suficientes para atuar sozinho ou com outros que lhe compartilhassem a causa. Por minha vez, tinha desavenças em negócios nos quais fui prejudicado, mas não sabia como agir. Inicialmente, integrei-me em um grupo, que me auxiliou em várias oportunidades. Obtive resultados muito significativos nos meus propósitos e passei a ser um devedor daqueles que me ajudaram na empreitada. Simples assim.

– Agora me fale: quais suas reais intenções em relação ao seu pai? Quer fazer-lhe uma visita?

– Não, senhor. Quero continuar distante de todos. Sinto falta de minha mãe, que sempre foi uma santa perto daquele tirano e me defendeu o quanto pode.

– Está aí a oportunidade de dar-lhe uma punição inesquecível.

– Acredito que eu possa ser mais útil para o senhor, chefe. Nem sei se meus pais continuam no corpo ou se já morreram. Se todos vivem essa realidade na qual me encontro, então não é necessário fazer nada, porque o sofrimento pelo vazio que a morte apresenta já é um verdadeiro "inferno".

Vasco percebeu que o seu novo pupilo começava a pensar demais. O rapaz era inteligente comparado aos demais componentes de sua trupe, podendo exercer influência questionável em relação ao seu comando. Era necessário mantê-lo no cabresto. A alternativa seria desvalorizá-lo:

– Vê-se que você não passa de um moleque sem ideologia alguma, um verdadeiro moleirão. Dessa maneira, minhas ordens são para que fale o menos possível com os outros e cumpra com os seus deveres à risca, sem qualquer contestação ou perguntas, entendido?

– O senhor sabe que sim. Serei disciplinado.

Apesar das atitudes grosseiras e ameaçadoras, o que Vasco nem sequer desconfiava é que Gabriel, mostrando-se exausto daquela situação em que se encontrava, abria pequenas brechas para que seu mentor pudesse insuflar ideias de renovação, de rumos novos.

O plano espiritual superior tinha plena certeza de que o caminho do rapaz apresentaria obstáculos de vulto, durante muito tempo, e uma mudança de conduta parecia distante.

Todos sabem que Deus, Nosso Pai, não nos abandona em momento algum. No entanto, respeita nossas decisões, por estar no livre-arbítrio a maior manifestação de Sua Justiça, baseada no conceito superior de causa e efeito. Mas, para toda caminhada existe sempre o primeiro passo, sendo a reencarnação prova incontestável dessa realidade. Ninguém muda de um instante para outro, porém, gradativamente as alterações de objetivos acabam por acontecer. Isso por quê? Porque, exauridos em nós mesmos, por nossa insistência em combater o deus interior, chega um determinado instante em que exigimos nosso retorno ao centro, nossa comunhão com o divino, que está em nós e que, ao mesmo tempo, nos sustenta.

O tempo para que isso ocorra depende do interesse de cada um em aplicar a metodologia do Evangelho do Cristo em sua vida. Metodologia esta, que orienta que amemos o semelhante como a nós mesmos, porque, dessa forma, estaremos nos integrando ao Criador.

Existe um momento para o basta, em relação às escolhas equivocadas? Sabemos que sim e que são apresentadas duas inteligentes opções nas Leis de Deus: a dor e o amor.

A dor – quando o ser insiste em manter-se fechado em si mesmo, querendo impor-se sobre a sua própria natureza que, sendo divina – grita por manifestar-se e que, interrompida pela vontade, precisa agir a partir de determinado instante por veículo de corrigenda.

Exemplo simples daquele que bate a cabeça na parede, querendo que a dor desapareça, antes de utilizar-se inteligentemente de um analgésico.

A outra opção sublime será a do amor, que está calcada na disciplina da criatura dentro da lei maior, de respeito a si mesmo e do semelhante. Da integração com a sua essência, que é cósmica, poderá, dessa forma, integrar-se definitivamente com Deus, tendo como intermediário, o seu próximo.

CAPÍTULO 6

Anjo mau

Algumas semanas depois, Gabriel já dominava a arte do magnetismo. Vasco, notando a destreza do rapaz, convocou-o para o primeiro atendimento.

– Evaristo me informou que você está pronto e confiante para o trabalho. Recebi uma solicitação de uns amigos para atuar em um caso específico.

– Posso saber do que se trata, chefe?

Vasco, espumando de raiva, segurou Gabriel pelos ombros e, agitando-o violentamente, respondeu:

– Não lhe interessa. Quantas vezes tenho que repetir para você manter a sua boca fechada e não fazer tantas perguntas? Você é um simples imbecil, soldado cumpridor de ordens. Meus soldados apenas obedecem e nem sequer pensam em me questionar. É o último aviso que você recebe, está claro?

– Perdoe-me, chefe.

– Deixe de ser um fracote retardado com esse "perdoe-me, chefe" e prepare-se para o trabalho.

Vasco convocou Evaristo e mais duas entidades e se puseram em direção ao bairro mais elegante da cidade.

Chegaram diante de uma mansão que mantinha todas as portas e janelas abertas na dimensão espiritual inferior. Típica situação da falta de cultivo da Prece e de Evangelização de seus moradores.

Entraram sem qualquer problema e foram recepcionados por um desencarnado com ares de serviçal.

– Senhor Vasco e equipe, sejam bem-vindos. Pascoal e Quitéria já estão aguardando ansiosos.

Ao entrarem em uma suntuosa suíte, um casal desencarnado, de aspecto horripilante, estava próximo de um leito, no qual uma jovem de seus 17 anos aproximadamente jazia estirada na cama de enorme proporção e finamente decorada com lençóis e travesseiros finos de pura seda. A moça debatia-se em sono agitado, provocado por medicamentos fortíssimos, insistindo em manter-se enclausurada no corpo, pelo medo que experimentava ao ver as entidades ao seu lado.

Vasco cumprimentou o escuso casal e sem cerimônias foi questionando:

– E aí? Qual é o serviço que temos pela frente?

Pascoal, apontando a jovem com profundo desdém, informou:

– A princesinha aí, em existência anterior, foi proprietária de algumas fazendas herdadas de seus avós. Assim que assumiu a administração total dos negócios, mostrou-se uma verdadeira tirana com os seus funcionários. Vale acrescentar que a grande maioria deles trabalhava em regime de comprovada escravidão. Para ela, a exploração era a ordem do dia. Quando alguém tentava reclamar ou mesmo fugir de suas propriedades, ações enérgicas eram tomadas e, geralmente, esses funcionários acabavam desaparecendo "inexplicavelmente". Ela "empacotou" naquela existência e não foi possível a sua localização imediata. Tinha uma turma da pesada, amiguinhos que tomavam conta dela, não permitindo a aproximação de ninguém. Mas você sabe como são as coisas. Tão logo os interesses terminam, esses "amigos" desaparecem, não é mesmo?

E prosseguiu:

– Veja como são as coisas. Coincidentemente a nossa princesinha foi localizada nesse corpinho lindo, por alguns daqueles mesmos empregados que nunca a perdoaram e juraram vingança. Seus pais atuais são os avós queridos de antanho que, segundo entendi, pelas informações prestadas pelos que buscam fazer justiça, tentam auxiliá-la a encontrar caminhos novos, com respeito e consideração ao semelhante. Não é linda a história? – concluiu gargalhando, no que foi acompanhado por todos os presentes.

– Por que vocês foram envolvidos nesse "episódio", Pascoal?

– Você sabe bem, Vasco. Uma mão lava a outra. Os ex-funcionários da moçoila não sabem como retirá-la do corpo em definitivo e nos pediram para ajudá-los na empreitada. Vivemos por estas bandas, porque a quantidade de gente que gosta de beber, cheirar um pó e comer exageradamente nesse bairro é grande e nos oferece um banquete quase que diário. Uma boa parte das casas mantém portas abertas e sem qualquer defesa na dimensão que estamos.

– Já entendi. Posso ajudar, mas, como forma de pagamento, vou querer ficar morando por aqui com o meu bando todo.

– Parece justo – completou Quitéria.

Vasco olhou as várias caixas de medicamentos na mesinha de cabeceira e perguntou:

– A medicação que a moça vem fazendo uso é essa ou tem mais alguma coisa?

– Seus pais tentam de tudo. Além dos remédios psiquiátricos que você está vendo, começaram a utilizar também os receitados por um homeopata. Aliás, médico aqui é o que não falta.

– O curioso é que, em determinados instantes, ela se sente melhor com a homeopatia, exigindo de nossa parte um exaustivo esforço para neutralizar as energias que essa medicação transmite.

– Tem algum carola que vem rezar aqui?

– Não, ninguém. A família possui religião de fachada. Quanto a isso, pode ficar despreocupado, Vasco.

– Ótimo! Onde estão os caras que contrataram vocês?

– Passam por aqui todas as noites, para ver como andam as coisas e os resultados alcançados.

– Pascoal, ainda não entendi o que vocês ganham com isso. Essa história de uma mão lava a outra não me convenceu – replicou Vasco, desconfiadamente.

– Tenho meus interesses também, por isso estou ajudando. Não quero que apareça por aqui gente que tenha um olho grande e nos expulse do pedaço. É melhor pedir favor para quem eu conheço e manter meu espaço reservado. Vai que esses caras que buscam vingança encontrem um pessoal ganancioso. Preciso preservar essa mina de ouro para mim, Quitéria e os amigos...

– Sei... Bem, mãos à obra. Anjinho, venha me ajudar com a princesa aqui...

– Anjinho, Vasco? – interrogou Pascoal com um sorriso irônico.

– O nome dele é Gabriel. Como tem nome de anjo, resolvi apelidá-lo. Não é apropriado?

– Muito! Quero ver os "milagres", que ele faz...

Gabriel recebeu instruções para aplicar fluidos magnéticos com alto impacto, causando pela quantidade utilizada o mesmo efeito de uma overdose medicamentosa, enquanto Vasco se encarregaria de hipnotizá-la, procurando infundir terror, provocando histeria, fazendo com que os médicos fossem chamados em emergência, para aumentar a medicação. O obsessor esperava, como resultado da elevação da dosagem, maior enfraquecimento orgânico e, com isso, baixar a imunidade da paciente.

Passados alguns minutos de aplicação dos fluidos por parte de Gabriel, todos ficaram surpreendidos com os efeitos alcançados em curtíssimo espaço de tempo.

Quitéria quebrou o silêncio, dizendo:

– Esse garoto realmente é um anjo...

– Anjo do mal, sem dúvida – completou Pascoal, sorridente.

CAPÍTULO 7

Reavaliando informações

Terminadas as aplicações magnéticas, Vasco dirigiu-se para o casal advertindo:

– Amanhã daremos continuidade ao serviço. Creio que em um mês ou pouco mais, poderemos alcançar resultados interessantes...

Tão logo Gabriel pôde, decidiu questionar Evaristo sobre o que tinha ouvido da conversa entre Pascoal e o líder do grupo.

– Você prestou atenção no relato de Pascoal sobre a moça que estamos "atendendo", que nem sequer sei o nome?

– Alguma coisa. Por que, Gabriel?

– Ele disse sobre existência anterior, os avós como pais da menina e coisas do gênero. Quer dizer que nós vivemos outra vida? Se vivemos, quem comanda isso tudo? E para que serve?

– Também não entendo bem e nunca me interessei por essas conversas, que sempre achei coisa de gente ignorante. A propósito, o nome da moça, segundo ouvi, é Maria.

– Mas que é estranho isso é, Evaristo. Pascoal falava com conhecimento de causa, com segurança e normalidade e Vasco parecia entender ou pelo menos aceitar as informações que eram prestadas.

– Não sei realmente. Por que você não pergunta para o chefe?

– Está maluco? Ele não gosta de questionamentos de espécie alguma. Deixa para lá. Se tudo isso for verdade, um dia nós ficaremos sabendo.

– Ou não, Gabriel. Perguntar para quem?

– Quer saber, assim que der, vou falar com Pascoal.

– Cuidado para que ele não lhe denuncie para o Vasco. Sabe como são essas coisas. Não dá para confiar em ninguém por aqui...

Os dias foram passando e gradativamente os obsessores alcançavam resultados significativos, deixando satisfeitos os espíritos que clamavam por vingança. A saúde da obsidiada enfraquecia a olhos vistos, para deleite de Pascoal e Quitéria.

Certa ocasião, Vasco saiu para verificar como estavam os demais membros do grupo que haviam ficado na retaguarda. Nessa oportunidade, Pascoal aproximou-se de Gabriel para alguns elogios bajulatórios:

– Meu jovem, você vem realizando um trabalho esplendoroso com a nossa "princesinha". Nunca vi tamanha eficiência...

– Agradeço a confiança depositada. Entretanto, se você me permitir, gostaria de fazer uma pergunta.

– Faça!

– Em nosso primeiro encontro, ouvi parte de suas explanações para o meu chefe e um ponto em especial mereceu minha atenção. Tratava-se da existência anterior da mocinha e de seus pais.

– Ah, isso? Esse pessoal viveu em outros corpos, outra existência realmente. Muitos chamam de reencarnação. Você já deve ter ouvido falar, não?

– Exatamente de maneira contrária. Esse tipo de assunto, nas poucas oportunidades que ouvi alguém comentar a respeito, foi taxado de absurdo e impossível.

– Pois está na hora de você reavaliar essa informação, Anjinho. Não sei bem como funciona e se é valido para todas as pessoas, mas que acontece isso é um fato.

– Bem, se acontece com uma pessoa, não pode ser exceção. Deve ser uma regra, não?

– Não sei bem, conforme já disse. Porque você não vai para uma casa espírita? Os caras falam disso por lá abertamente. Porém, tome muito cuidado, porque eles costumam aprisionar gente como nós nestes locais.

– Como assim aprisionar?

– Nunca fui e tampouco tenho qualquer interesse, mas soube de vários caras que foram e não voltaram. Não costumo me arriscar com aquilo que não conheço. Alguém me disse, certa vez, que as casas espíritas são oficinas de demônios.

– Fico cada vez mais confuso, Pascoal. Honestamente eu gostaria de saber um pouco mais sobre tudo isso.

Procurando precaver-se de qualquer risco em relação às atitudes violentas de Vasco, de quem já recebera um ultimato, inteligentemente Gabriel finalizou:

– Bem, tenho certeza de que o meu chefe vai me ensinar quando estiver mais preparado para isso. Ele tem muito conhecimento e experiência, não?

– Isso é verdade mesmo. Tenho verdadeira admiração por ele – concluiu Pascoal.

CAPÍTULO 8

Triunfo equivocado

Maria, a obsidiada, foi tomada de um enfraquecimento tão impressionante em pouquíssimo espaço de tempo, que seus pais resolveram, como solução imediata, interná-la em uma clínica especializada. Seus delírios eram cada vez mais constantes e aterradores. Vasco e Gabriel formavam realmente uma dupla com tamanho grau de eficiência, que poderia ser simplesmente classificada como "infernal".

Os compromissos do passado, a falta de orientação adequada em uma religião, os descuidos quanto aos pensamentos, à falta da prece e o desespero dos familiares simplificavam a atuação obsessora.

As vibrações desequilibradas de apego excessivo e desalento, emitidas pelos próprios pais e outros familiares que tinham acesso à enferma, cediam fluidos magnéticos em grande quantidade para que a dupla pudesse utilizá-los com maior eficiência.

O tratamento médico não surtindo os efeitos desejados para os encarnados atuava dentro dos planos maldosos das entidades que presenciavam o fim da existência física de Maria. Os espíritos vingadores comemoravam festivamente o sofrimento imposto e a possibilidade do desencarne próximo.

Seus gritos ecoavam pelo ambiente, podendo ser percebido pela obsidiada, que já estava muito próxima da partida do corpo físico:

– Você vai pagar tudo o que nos fez. Se a sua vida é um martírio, espere até colocarmos nossas mãos definitivamente sobre você. O inferno vai parecer o paraíso, perto daquilo que nós vamos promover diariamente, sua maldita.

Apesar dos valores equivocados de Gabriel e por nutrir desejos de vingança em relação ao próprio pai, começava a crer firmemente que os procedimentos adotados em favor daqueles que haviam sofrido tanto nas mãos de Maria eram mais do que justos. Ela não havia tripudiado sobre os direitos deles? Que pagasse agora e no futuro próximo tudo aquilo que houvera feito.

Pensamentos desse jaez e sua postura diante da enferma começaram a ser claramente percebidos por Vasco, que buscava estimulá-los, porque sabia das possibilidades assombrosas de Gabriel e seu potencial como magnetizador. Tratava-se de um tesouro em suas mãos; por isso, mantê-lo disciplinado era a ordem do dia.

Passou a vigiar quem se aproximasse do rapaz e prestar muita atenção nas conversas dele, principalmente com Evaristo, com quem Gabriel mantinha maior relacionamento.

Seu plano para manter o jovem sob seu domínio foi simples: bastava estimular o orgulho, massagear o ego. Disse para Gabriel que o considerava muito, como se fosse um "filho" e, acima de tudo, um aliado importante não somente para comandar o bando como também para fazer novos "amigos".

O imprevidente rapaz achou ser verdadeira a confiança do líder depositada em sua pessoa, aplicando-se nas ações nefastas como quem presta serviço de qualidade, oferecendo aquilo que tem de melhor dentro si, com uma dedicação que impressionava a todos.

Percebia que a vampirização do álcool prejudicava sua *performance* magnética e empreendeu um esforço sobre-humano para reduzir o consumo ao mínimo possível. Era importante agradar o seu chefe, que passou a ser o seu ídolo, cujas orientações não deviam ser contestadas e sim seguidas à risca.

Vasco, conhecedor das técnicas de hipnose, exercia enorme fascínio sobre Gabriel que, orgulhoso, se deixava envolver completamente.

Após o desencarne de Maria, a fama da dupla aumentou sobremaneira. As solicitações para associarem-se em "serviços" criminosos cresceram vertiginosamente, bem como os pedidos de muitas entidades para participarem do grupo gerenciado por Vasco.

O líder obsessor passou a se considerar um verdadeiro rei e, para alicerçar a sua posição, chamou Gabriel para uma conversa reservada.

– Anjinho, estou arquitetando alguns planos que considero importantes para a consolidação de nossas atividades. Como você sabe de minha estima e confiança em sua pessoa, vou precisar de todo o seu empenho para materializarmos juntos o intento.

Gabriel, acostumado a não questionar coisa alguma, aguardou que o líder continuasse.

– Veja a quantidade de aliados que temos em nosso grupo. Não podemos continuar vivendo dessa forma, vagando pelas ruas, procurando oportunidades miseráveis. Quero construir uma fortaleza, na qual reuniremos todos os que estiverem interessados em trabalhar conosco.

– Teremos conforto e você poderá atuar como o segundo no comando. Vamos coordenar trabalhos e não mais executá-los. Podemos construir prisões no espaço que idealizo, visando facilitar nossas atividades e enclausurar indisciplinados e inconvenientes, quando isso for necessário. O que você acha?

Nunca o rapaz ousaria contestar Vasco, porque sua rudeza e crueldade sempre se mostraram exageradas para qualquer negativa que recebesse. "Não" era uma palavra excluída do dicionário do líder.

– Brilhante ideia, chefe. O senhor sempre pensando em nosso bem-estar, sempre preocupado conosco. Quando começamos a executar a obra?

– Imediatamente. Vamos reunir todos e comunicar minha decisão, distribuindo as tarefas. Quero concluir a construção no prazo máximo de um ano. Agrupe todos hoje à tarde, para o meu discurso.

– Perfeitamente. Será feito conforme o seu desejo.

De acordo com a orientação recebida, ao cair da tarde, estavam todos reunidos no terreno baldio de grandes proporções, que ocupavam na periferia da cidade, escolhido como melhor local para se estabelecerem.

Vasco surgiu com sua postura arrogante, com trejeitos de um rei de circo, iniciando seu discurso orgulhosamente para uma assembleia de mais de 1.500 pessoas.

Eram criaturas infelizes, criminosas e ignorantes, que se reuniam pelos mesmos interesses desequilibrados, visando ao prejuízo do semelhante, e nem sequer suspeitavam do que construíam para si próprias.

Ouviram o ridículo discurso com total atenção, anestesiadas que se encontravam pelo magnetismo envolvente do hipnotizador. Ao final, todos gritavam palavras de apoio integral aos projetos do desonrado líder.

Vasco, abraçando Gabriel que estava a seu lado, falou:

– Veja, Anjinho, esse é o começo do nosso triunfo...

CAPÍTULO 9

A proposta

Não demorou muito para colocarem o projeto em andamento. Sem grandes conhecimentos de engenharia, as entidades envolvidas, utilizando-se de materiais primitivos, construíam verdadeiras ocas, sem muito zelo pela distribuição das unidades na localidade definida por Vasco.

Por ordem do líder, cercaram o lugar, com troncos altos e pontiagudos, com torres de vigia também do mesmo material, onde a rudeza do desenho lembrava uma fortaleza do século XI, extremamente simplória. Isso, no entanto, não era motivo suficiente para inibir Vasco em desfilar como um rei, mostrando uma pompa que não possuía, expedindo ordens e direcionando criaturas miseráveis e ignorantes.

Muitos desencarnados eram capturados e tratados como verdadeiros escravos, em virtude da total inconsciência em que se encontravam. Vários deles viviam os remorsos e as culpas pelo total desperdício das oportunidades de evolução, sempre relegadas ao abandono, valorizando o materialismo acima de qualquer opção que dignificasse o Espírito.

Colhiam o que plantaram em matéria de descrença, falta de fé e de respeito para com o semelhante. Buscavam tratar o próximo como objeto e experienciavam agora, nas mãos de Vasco, por meio do magnetismo de Gabriel, aquilo que impuseram às suas vítimas.

O anjo mau encarregava-se de mantê-los em disciplina absoluta, fascinando-os diante da figura do líder, que também, por sua vez, exercia grande poder magnético, ora causando pavor pelas imagens que projetava hipnoticamente nas mentes das entidades culpadas, ora castigando cruelmente qualquer atitude transgressora.

Tratava-se de um regime de força bruta, sem qualquer resquício de humanidade. Eram exemplos dessa natureza que norteavam Gabriel, que se sentia satisfeito em atender seu "amado" líder.

Várias entidades que vagavam pelas redondezas, tomando conhecimento de um sítio onde poderiam se abrigar, começaram a solicitar guarida. Vasco e Gabriel, que haviam se tornado uma dupla inseparável, eram os responsáveis pela análise de cada solicitante, encaminhando-os para os trabalhos a serem realizados.

Os mais simples e inconscientes eram levados para auxiliar em serviços comuns dentro da fortaleza, enquanto que os mais agressivos e com desejos de revide passavam a ser orientados para tornar-se coordenadores de processos obsessivos.

Vasco, em seus sonhos megalomaníacos, queria transformar o local em uma cidade especializada em promover a justiça pelas próprias mãos. Quem estivesse interessado em vingar-se dos danos cometidos por outrem teria ali um porto seguro e contaria com espíritos especializados na arte da retaliação. Pensava em dar-lhe um nome. Ela se chamaria: Cidade dos Vingadores.

Por mais ridícula que fosse a proposta do líder, ninguém, com um mínimo de bom senso, ousaria contrariá-lo. Sua sugestão foi aceita e aprovada por unanimidade.

Com o número de adeptos aumentando, as orientações eram para que procurassem se imiscuir na vida alheia. O que seria muito simples, porque, tanto Vasco como o pessoal de seu bando de obsessores, eram atraídos por qualquer pessoa que mantivesse pensamentos constantemente desequilibrados. Eles não seriam mais apenas vampirizadores, mas aliados de todos os que tivessem interesse na prática do mal, podendo ser encarnado ou desencarnado.

Para aqueles que conservassem pensamentos invigilantes, sobre motivos variados, estes, sim, poderiam ser utilizados como fornecedores de material de sustentação. Em outras palavras, poderiam ser vampirizados e estimulados a usar produtos e substâncias que o obsessor preferisse. Segundo Vasco, seus correligionários também precisavam se divertir.

Os ofícios iam bem, mas no coração doentio do líder, com sua mania de grandeza, era necessário ampliar as ações lesivas.

Tempos depois, surgiu uma figura com aparência sacerdotal, acompanhado de um séquito, solicitando audiência com o responsável das operações.

Vasco recebeu-o algo desconfiado, depois de alguma insistência por parte de um dos seus asseclas. Preferiu atender o visitante acompanhado de Gabriel e de dois dos seus melhores guarda-costas, caso necessitasse agir com rapidez e brutalidade. Iniciou a conversa sem formalidades com o recém-chegado:

– Muito bem, o que você procura?

– Inicialmente quero dizer que é uma honra

conhecê-lo pessoalmente. Meu nome é Pastor Ludovico...

O visitante não teve tempo para continuar, sendo interrompido pela gargalhada de Vasco.

– Pastor? Só me faltava mais essa. Eu tenho um anjo comigo, agora me surge um pastor. Você não veio aqui para tentar nos converter, veio?

– Não, senhor, em absoluto. Por acaso, adotei essa denominação pela especialidade que eu e o meu grupo possuímos.

– Especialidade?

– Sim. Nossas atividades são voltadas para a desagregação de grupos religiosos. Somos especialistas no ramo.

– Por que você acha que eu vou me envolver nesse seu negócio? Quais os ganhos?

– Mão-de-obra especializada e maior volume de adeptos não são de seu interesse?

– Talvez. Minha pergunta é simples: qual é o seu interesse em vir até aqui me fazer essa proposta?

– Pura vingança dos vermes enganadores, que vivem escondidos atrás de seus mantos sacerdotais.

A curiosidade de Vasco foi aguçada, quando Gabriel cochichou que via possibilidades reais de ganho, na união dos grupos. Ouvir não custava nada.

– Certo, Pastor. Conte sua história...

– Nasci em uma fazenda no interior de um Estado muito pobre. Meus pais eram trabalhadores do campo e morreram em um acidente na construção de um dique solicitado pelo proprietário. Eu e minha irmãzinha não tínhamos nenhum outro familiar. Sendo assim, fomos transferidos para um orfanato na pequena cidade próxima, cuja responsabilidade estava a cargo do sacerdote local. Homem duro e de trato difícil. Por qualquer razão espancava as crianças que estavam sob sua guarda. Alguns anos se passaram e alcançamos a adolescência sempre vivenciando verdadeiro inferno, nas mãos daquele endemoniado. Aqueles que tentavam alguma fuga, se apanhados, sofriam castigos indescritíveis. Vivíamos à mingua e isolados, tratados como estorvos na comunidade, que também sofria carências enormes. Como tudo isso não fosse o bastante, o dito cujo seviciava algumas meninas. Certa noite, fui até os seus aposentos para levar água quente para o seu banho e encontrei-o com minha irmã. Aquela cena despertou o meu ódio e, alucinado, parti em sua direção, no intuito de agredi-lo e retirar minha irmã da situação humilhante em que se encontrava. Ele, um homem forte, me agarrou pelo pescoço e, em poucos instantes, me estrangulou. Enquanto me debatia, sentindo a morte chegar, ouvia minha irmã implorando por misericórdia. No instante que me senti fora do corpo, saí daquele ambiente o mais rápido possível, jurando que, um dia, voltaria para dar o troco. Não passou muito tempo e me integrei em um bando que me orientou e auxiliou em meus planos de revide. No entanto, quando voltei, o demônio estava morto e minha irmã, assim como outros internos, havia desaparecido. Procurei-a, no entanto, não obtive sucesso.

– E ele, onde se encontra? – questionou Vasco.

– Não sei. Como deve ter parte com o demônio, provavelmente está protegido no inferno.

– Ora, deixe de bobagem, essas coisas de céu e inferno são besteiras.

– Eu sei, senhor Vasco. Trata-se de força de expressão, porque não consigo encontrá-lo também. Foi exatamente por isso que prometi a mim mesmo que entraria nos grupos religiosos que dessem alguma abertura e destruiria todos, em nome daquele infeliz. Com o passar do tempo, substitui meu chefe que desapareceu inexplicavelmente[1] no seio de uma família e foi dessa maneira que passei a comandar o bando. Soube que o senhor tem muita gente sob seu comando e gostaria de uma associação. O que me diz?

– Não sei. Deixe-me pensar. Volte amanhã e lhe darei a resposta. Agora vá.

As entidades se retiraram com atitudes reverenciais, com a promessa de voltarem no dia seguinte.

*1 *Ludovico demonstra sua total ignorância sobre o processo reencarnatório, que, por vezes, é imposto para determinados espíritos, visando seu próprio benefício, como a vacina é aplicada pelos pais ou responsáveis, mesmo contra o desejo da criança. (N.A.)*

CAPÍTULO 10

Curiosidade ampliada

Assim que Ludovico saiu com os seus asseclas, Vasco iniciou um diálogo com Gabriel:

– O que você achou da proposta desse sujeito?

Gabriel, acostumado aos humores do chefe, sabia que perguntas e respostas em qualquer conversa precisavam sempre ser tratadas cuidadosamente. Vasco, sendo um carrasco de plantão, só queria ouvir aquilo que fosse extremamente agradável e conforme seus desejos. Aos poucos, o rapaz foi aprendendo a lidar com a sua fúria e medir as palavras com muita ponderação.

– Bem, chefe... Acredito que possa ser interessante abrir uma nova frente de trabalho e oportunidades. Mas, como o senhor tem maior experiência, o seu arbítrio será mais acertado. Não tenho dúvidas a esse respeito.

– Esse é o meu garoto. Sempre mantendo profunda reverência – disse Vasco, satisfeito.

– Você tem razão, Anjinho. Vamos nos associar, digo, vamos permitir que eles entrem em nossa comunidade.

– Certo, chefe, excelente decisão. Agora, mudando um pouco de assunto, no intuito de receber sua orientação, achei um pouco estranha uma colocação de Ludovico.

– Qual?

– Aquela referência que fez ao seu chefe, ou melhor, ex-chefe.

– Que desapareceu no seio de uma família?

– Sim senhor, essa mesma.

– Bem, acho que já está na hora de começar a lhe ensinar algumas outras coisas, Anjinho. Já vi ocorrer isso em processos de vingança. Algumas entidades ficam tão atreladas às criaturas que odeiam que, por vezes, acabam renascendo como filhos ou filhas daqueles que lutavam para prejudicar.

– Renascer, chefe? Como é possível?

– Acompanhei uma ocorrência que posso utilizar como exemplo para ilustrar. Certa feita, auxiliei um amigo em ação específica contra uma moça. Ele era um verdadeiro doutor em técnicas de magnetização, e foi com quem aprendi muito. A mencionada senhorita era desavença do passado, por ter-lhe roubado a fortuna e havia sido localizada em seu novo corpinho não fazia muito tempo. Obviamente, ela não se envolvera somente com ele, porque, ao nos aproximarmos, encontramos outra entidade que a obsidiava. Estava de tal forma jungida a sua psique que, em pouco tempo, reencarnou como seu filho.

– Como filho, chefe?

– Sim! A dita, estando em período fértil e mantendo relações com seu companheiro, atraiu a entidade que vivia atrelada ao seu campo magnético. De uma forma ou de outra, a vingança dele seria lavada a efeito, porque ela receberia como filho o Espírito que houvera também prejudicado, como fez com meu amigo. Muito provavelmente, deve estar até hoje, tendo um bom trabalho para contê-lo e educá-lo. O ódio não é algo que se apaga de uma hora para outra...

Gabriel, não contendo sua ansiedade, interrompeu

Vasco abruptamente:

– Posso fazer mais uma pergunta?

– O que é? – respondeu o chefe do bando, contrariado, por ser interrompido.

– O senhor falou em novo corpo, então, pelo que pude compreender, reencarnação é uma condição normal para todos, estou certo?

Vasco, do alto de seu orgulho e não querendo atestar seu total desconhecimento, procurou sair-se da melhor maneira possível:

– Todos, não! Reencarnação serve somente para os fracos e estúpidos.

– Mas, chefe...

– Já chega! São perguntas demais para hoje. Agora preciso descansar e pensar em nossas próximas ações. Veja se faz o mesmo...

A atitude de Vasco serviu para aumentar sobremaneira a curiosidade de Gabriel que, não tendo a quem recorrer, decidiu procurar Evaristo.

Encontrou-o recostado na porta de um dos casebres. Aproximou-se cumprimentando-o e, depois de algumas frases de menor importância, relatou parte da conversa que havia travado com o líder.

Evaristo, que pouca ou nenhuma importância dava para assuntos relativos às questões evolutivas do ser, procurou encerrar a conversa de forma rápida:

– Você me disse que depois do papo com aquele palhaço do Pascoal, ele havia sugerido que você procurasse um centro espírita, não foi?

– Sim, foi. Porém, tenho lá os meus receios...

– O que pode lhe acontecer de pior? Vá até uma dessas casas e veja se encontra respostas para as perguntas que parecem lhe perturbar.

– Não gostaria de me fazer companhia, Evaristo?

– Tá maluco, Anjinho? Se o nosso chefe descobre uma coisa dessas, estaremos encrencados. Ademais, esse é um tema que eu não tenho o mínimo interesse. Vá você e não me perturbe mais com essas bobagens.

– Não precisa ficar aborrecido, foi só um convite...

– Obrigado, mas estou bem assim.

– Certo. Então, nos vemos por aí, Evaristo, até mais...

– Até...

CAPÍTULO 11

Espetáculo infeliz

Ludovico retornou no dia seguinte para saber a respeito de sua oferta de associação com o grupo de Vasco.

Este o recebeu com o ar de superioridade ridícula, que lhe era peculiar. Como um soberano, sentou-se em uma cadeira à guisa de trono, tendo Gabriel em pé à sua direita e outras duas entidades como seguranças. Empostando a voz, falou:

– Pensei em sua proposta, Ludovico...

– Então, senhor?

– Creio que o melhor a fazer é integrá-lo ao meu time. Sua unidade especializada será acionada sempre que necessitarmos. O que lhe parece?

– Acho ótimo. No entanto, o senhor não gostaria de visitar um dos locais que atuamos no momento com o nosso expediente de desagregação? Dessa forma, poderia nos ver em ação. O que acha?

– Acho ótimo! Do que se trata?

– De um centro espírita, não muito longe daqui. Iniciamos nossas atividades há cerca de seis meses e temos alcançado um resultado satisfatório, apesar do curto espaço de tempo. Por acaso, esta noite é propícia para uma visita. Os diretores da casa fazem a sua reunião semanal, sendo este o melhor momento para nossa atuação.

– Esplêndido, Ludovico. Eu e o Anjinho o acompanharemos.

Gabriel exultou, porque de uma maneira ou de outra, conheceria uma casa espírita, sem que a sua atitude levantasse qualquer suspeita.

Por volta das 19 horas, Ludovico e cinco componentes de seu grupo estavam a postos aguardando Vasco e Gabriel. Com a chegada da dupla, puseram-se a caminho.

Chegaram à instituição que se localizava em um bairro elegante da cidade, sendo suas instalações suntuosas e onde os recursos pareciam não faltar.

De imediato, perceberam a facilidade em adentrar ao recinto. As proteções magnéticas eram fracamente mantidas, permitindo a entrada de quem bem entendesse. Entidades desequilibradas faziam do centro um local de pouso, com atitudes desrespeitosas.

Vasco, olhando com ar indagador para Ludovico, questionou:

– Já estive próximo de estabelecimentos espíritas anteriormente e nunca consegui adentrar com facilidade. Aliás, é um dos locais que eu não costumo me aventurar. Como isso é possível?

– O senhor vai constatar em breves instantes. Os dirigentes já devem estar reunidos a esta hora. Vamos até a sala da presidência.

Ao entrarem na sala presidencial, Gabriel ficou impressionado ao ver os detalhes luxuosos dos móveis e da decoração. A sala de reuniões era contígua, também com aparatos de gosto discutível.

Os diretores e o presidente chegaram em seguida e acomodaram-se nas poltronas confortáveis distribuídas pelo local.

O dirigente da instituição convidou um dos presentes para a prece inicial. Este, por sua vez, sem qualquer cuidado com os pensamentos que mantinha, fez uma rogativa de proteção com palavras vazias e decoradas, que não tocava sequer uma fibra do seu ser, que dizer dos demais que se encontravam no ambiente.

Vasco e Ludovico caíram em solene gargalhada, acompanhados por Gabriel, em virtude das cenas ridículas que eram apresentadas. Cada um dos componentes pensava em seus interesses imediatos em relação à defesa de suas posições, dando pouca ou nenhuma atenção ao que o colega recitava.

Logo após, o presidente apresentou a pauta, na qual o tema a ser tratado era sobre as despesas de cada área. Em alguns minutos, os diretores já se encontravam encastelados em seus pontos de vista, em defesa de seus interesses, quando Ludovico informou:

– Veja, senhor Vasco, como é simples nosso trabalho neste caso. Estão todos armados e prontos para iniciar uma discussão. Agora, meus técnicos irão se aproximar de cada um dos presentes e eu me encarregarei de atuar no presidente.

Ao término da abordagem dos itens financeiros pelo dirigente, Ludovico inspirou palavras de profundo desagrado em relação à exposição, que foram imediatamente assimiladas pelo apresentador que, mirando os demais componentes da mesa, falou de maneira deselegante:

– Creio que está havendo em nossa instituição um problema de gerenciamento totalmente incompetente por parte dessa diretoria.

De imediato, instituiu-se a desordem. Diretores começaram a acusar uns aos outros, sendo cada vez mais estimulados pelas entidades obsessoras, à medida que iam se exaltando. Em breve tempo, as palavras se tornaram mais rudes e o tom da conversa desandou para uma gritaria absurda, na qual a falta de respeito passou a ser o ponto máximo da reunião infeliz.

Ludovico sorria como se estivesse assistindo a uma peça teatral humorística, sendo acompanhado no seu deleite pelos demais. Virando-se para Vasco, comentou:

– Em pouco tempo estarão se digladiando de tal maneira, que a instituição apresentará sérios riscos de continuidade e suas portas poderão se fechar em tempo recorde.

– Mas é sempre tão fácil assim, Ludovico?

– Não, senhor. Neste caso específico, nós encontramos muita facilidade quando iniciamos nossas atividades neste recinto. Trata-se de criaturas altamente orgulhosas e egoístas, que pensam em se promover na mídia ou em eventos de publicidade. Adoram holofotes e os primeiros lugares, dando pouca ou nenhuma atenção para aquilo que professam. Como este bairro é de classe alta, os frequentadores costumavam fazer generosas doações para as atividades da casa. Aos poucos, muitos deles, percebendo as atitudes dos diretores e do próprio presidente, foram se afastando em busca de outras casas. O dinheiro foi minguando e as discussões entre o corpo diretor, aumentando. Do alto da mediocridade de cada um, não notam que suas próprias posturas são os elementos-chave para a destruição deles mesmos e da instituição que dirigem. São um bando de cegos, o que torna nosso trabalho muito mais simples, como o senhor pode observar. Meu trabalho e de minha equipe está praticamente concluído nesta casa, que não ofereceu resistência alguma e foi, até hoje, um dos mais simples e tranquilos que nós pudemos realizar. Minha vingança aqui foi maravilhosamente doce...

A reunião não demorou a ser encerrada, com a saída do presidente batendo a porta rudemente e os demais diretores retiraram-se rumo a suas respectivas salas.

As entidades obsessoras foram se afastando do ambiente completamente satisfeitas, com ar de missão cumprida.

Ludovico sugeriu:

– Se o senhor estiver de acordo, podemos partir...

– Muito bom trabalho, Ludovico. Gostei do belíssimo espetáculo que assisti – respondeu Vasco, com ar de grande júbilo.

CAPÍTULO 12

Vida miserável

Ao saírem da casa espírita, Gabriel teve sua atenção despertada por um cartaz, afixado no mural de avisos, sobre um tema a ser desenvolvido por um orador no dia seguinte. Tratava-se de estudo acerca do capítulo IV de *O Evangelho Segundo o Espiritismo*, intitulado "Ninguém pode ver o Reino de Deus senão nascer de novo".

Apesar da casa estar em situação precária, tanto por intrigas internas como por falta de verba para arcar com as despesas regulares, alguns trabalhadores de muita boa vontade, procuravam atender as pessoas que buscavam consolo e acolhimento. O próximo para aqueles voluntários era o objetivo principal e não a politicagem existente e seus consequentes desvios e desatinos, por parte daqueles que deveriam zelar pela condução e equilíbrio da instituição.

A curiosidade do jovem foi aguçada. Quem sabe ele poderia arrumar alguma desculpa e tentar ver o que se passava naquela reunião que discutiria assuntos relativos ao "nascer de novo".

Começou a arquitetar seu plano desde aquele instante, pensando em que tipo de escusa poderia utilizar com Vasco. Conhecia muito bem o estilo carrasco do líder, que mantinha todos em vigilância constante através de seus inúmeros asseclas, verdadeiros espiões das atitudes e passos de cada membro.

Vasco não confiava em ninguém, apesar de ter aberto um espaço maior para Gabriel. Sua atitude era sempre a de confiar desconfiando. Muito ao gosto dos tiranos ou, por que não dizer, dos receios intrínsecos dos que tratam o seu semelhante como número ou objeto.

Sempre vigilante tinha receio de ser traído a qualquer instante e ter seu poder dividido ou mesmo perdido por algum complô que pudesse ser urdido nas suas costas.

Dessa maneira, todos os componentes do bando viviam sobressaltados, e qualquer deslize significava punição severa para o invigilante.

Pelo horário convencionado no anúncio para o início do estudo (19 horas), talvez não fosse tão complicado Gabriel ausentar-se por um terço de hora.

Recolheu-se em sua cabana e não conseguiu pregar os olhos mais do que três horas naquela noite. A ansiedade sobre a reunião foi dificilmente controlada durante todo o dia. Procurou, em determinado momento, a companhia de Ludovico que já se instalara na cidadela e, com muito tato, sem demonstrar extrema curiosidade, perguntou:

– Ludovico, há quanto tempo você coordena operações semelhantes àquela de ontem à noite?

O questionado não desconfiou do interesse central da pergunta e respondeu com ares de amigo:

– Já faz muitos anos. Por que pergunta?

– Simplesmente para aprofundar um pouco mais meus conhecimentos a respeito. Para ser mais objetivo, sou um tipo curioso. Observei que entramos no local sem qualquer problema. É sempre assim que ocorre, com essa facilidade toda?

– De maneira alguma, Gabriel. Geralmente, os membros de uma parcela significativa de muitas congregações são criaturas sérias e obstinadas no serviço em favor do próximo. Este tipo de atitude cria barreiras vibratórias de grande intensidade, somente permitindo a entrada de pessoas autorizadas, estejam elas no corpo físico ou fora dele.

– Interessante! Mas é somente isso?

– Não. As instituições sérias mantêm trabalhadores voluntários nos dois planos de existência, que zelam pela segurança do local, afastando intrusos que tenham a intenção de prejudicar o andamento das atividades. Por isso, meu trabalho e o dos meus correligionários, apresenta-se tão difícil, exigindo um esforço fora do comum.

– E vocês alcançam resultados em todas as investidas ou em grande parte delas?

– Na maioria das vezes somos malsucedidos, porque a simples entrada nossa apresenta dificuldades extremas. Mas, caso você queira participar conosco das operações, seria muito bem-vindo.

– Bem, quanto à minha participação, terei que perguntar ao Vasco. Se for permitido, será um prazer acompanhá-lo.

Gabriel formulava mentalmente uma desculpa razoável, caso fosse visto próximo do centro espírita. A desculpa seria perfeita, porque ao receber o convite de Ludovico e, antes de falar com Vasco, buscando obter aprovação para ingressar naquele tipo de trabalho, procuraria conhecer um pouco mais de tudo que presenciara, para não fazer um pedido vazio e se arrepender depois.

Por volta das 19 horas, esgueirando-se entre as cabanas e procurando manter um ar despreocupado, passou pelos portões e caminhou em direção à casa espírita.

Lá chegando, entrou com facilidade na ampla recepção da casa, porém, dirigindo-se para a sala de estudos, foi barrado na porta por uma entidade muito simples, que desempenhava o papel de segurança do local.

Com cordialidade o Espírito perguntou:

– Senhor, posso saber o que deseja?

– Sim, pode. Tive minha atenção despertada pelo assunto a ser tratado nesta noite e gostaria de participar da reunião, se isso não for problema.

– Problema não é. Mas como se trata de sua primeira vez, porque não me recordo de tê-lo visto por aqui em outras ocasiões, devo acompanhá-lo.

– Para mim está bem. Chamo-me Gabriel, ao seu dispor.

– Está certo, Gabriel. Sou o Ednaldo e, se quiser, podemos entrar, porque a reunião já está iniciada.

Ao adentrarem a pequena sala, Gabriel pôde notar que o número de assistidos não superava o de 20 encarnados e alguns poucos desencarnados, sendo o expositor da noite, um senhor de idade avançada, utilizando palavras simples, apresentando a lei da reencarnação e a misericórdia de Deus.

À medida que o orador demonstrava as questões lógicas da justiça divina, através da metodologia reencarnatória, Gabriel admirava-se, principalmente quando foi citada a passagem de Jesus com Nicodemos, registrada pelo Apóstolo João (Evangelho, 3:1 a 12).

Parecia que grande parte de tudo o que era dito não consistia em novidade para ele. No entanto, o que mais o intrigava eram as colocações do expositor sobre a bondade divina e o direcionamento no bem por meio da mudança de rumo, tendo por base a educação do espírito, dentro dos parâmetros do Evangelho de Jesus. Se tudo o que estava sendo exposto era verdade, por que ele e os demais componentes do bando levavam uma vida tão miserável?

CAPÍTULO 13

Novos rumos

Encerrada a palestra, Gabriel foi se retirando, quando Ednaldo indagou:

– Senhor Gabriel, não vai ficar para a fluidoterapia?

– Fluidoterapia? De que se trata?

– Uma transmissão energética, na qual todos os presentes das duas dimensões serão beneficiados.

– Como?

– Trata-se de um passe coletivo. Basta que você concentre seus pensamentos em Jesus e procure abrir seu coração para os mentores que aqui se encontram.

– Mentores? Onde? Não vejo ninguém...

– Ainda não. Mas, se você se concentrar, irá perceber que entidades de planos superiores ao nosso estão presentes e trarão benefícios para todos. Dura apenas pouquíssimos instantes, mas posso lhe garantir que será muito proveitoso.

O expositor que acabara sua preleção convidou os assistidos para a concentração. Foi atendido tanto por encarnados como pelos desencarnados. Todos respeitosamente ligaram-se em pensamento a Jesus, conforme Ednaldo orientara previamente.

Gabriel pôde ver que fios brilhantes subiam em direção ao alto, de onde subitamente começou a jorrar uma verdadeira chuva de pétalas de rosas, com o seu perfume característico.

Num instante, entidades que aparentavam ser verdadeiros anjos para o pobre rapaz, de acordo com os seus conceitos, se aproximaram e envolveram todos os assistidos em energias de cor azul e rosa, transmitindo uma sensação de paz que Gabriel jamais sentira.

Subitamente, uma das elevadas entidades se acercou do jovem e disse:

– Nada tema, pois, se a sua atitude for de mudança efetiva de rumo, saiba que estaremos ao seu lado. Nosso Senhor e Mestre Jesus não nos abandona em momento algum. Valorize-se, porque ninguém é miserável, sendo filho de Deus. Procure repensar na utilização dos recursos que são seus, revertendo-os para o bem. A mão que fere é a mesma que pode doar um pedaço de pão. Pense nisso.

Gabriel espantou-se com as palavras daquele anjo de luz. Quem era? O que de fato queria com ele? Como sabia de sua vida e suas possibilidades?

Atônito, resolveu retirar-se rapidamente, mas ainda pôde ouvir Ednaldo falar:

– Volte quando quiser. Estaremos lhe esperando...

No caminho de volta, Gabriel foi olhando para os lados, checando se não estava sendo espionado por algum assecla de Vasco. Chegou às portas da cidadela e foi recebido pelos seguranças, sem maior cuidado. Dada à facilidade da empreitada, dirigiu-se para sua tenda e lá permaneceu, meditando em tudo o que se passara na última hora.

Começou a questionar-se por que uma instituição que visava melhorar a vida dos indivíduos deveria ser alvo de destruição? Não seria melhor trabalhar para que os elementos contrários fossem substituídos? Aqueles que se preocupavam com poder, brilho, fama, não teriam sustentação diante de pessoas determinadas, auxiliadas por entidades tão superiores?

No caso de Ludovico, que fora vítima de gente mal-intencionada, não estaria ele generalizando na questão de querer destruir tudo e todos?

Estava tão exaurido daquela vida sem rumo, que uma simples gota de paz, que houvera recebido, parecia ter aliviado suas dores para sempre. Pensando em tudo o que experimentara naquela noite, adormeceu pesadamente.

Foi despertado pela manhã por Vasco que, um tanto desconfiado, não esperou sequer que Gabriel abrisse melhor os olhos, interrogando-o:

– Anjinho, onde foi que você se meteu ontem à noite? Fui informado pela segurança dos portões que você saiu e demorou a retornar. O que você está planejando?

– Absolutamente nada. Saí um pouco para averiguar algumas coisas que estou interessado, para depois comentar com o senhor?

– Coisas? Que coisas?

– Interessei-me pelo trabalho do Ludovico, que me convidou para acompanhá-lo quando for solicitado para novos serviços. Eu precisava analisar determinados aspectos das atividades, para decidir se pediria sua autorização ou não.

– Deveria ter me avisado antes, sabe disso.

– Perdoe-me, mas não quis tomar o seu tempo. Achei melhor...

– Você não tem que achar nada e nem tomar

nenhuma atitude sem me consultar, entendeu? Vou deixar passar esta, mas, caso eu saiba de mais alguma, lhe aplicarei uma surra inesquecível. Está ouvindo bem? – gritou Vasco, colérico.

– Sim, senhor. Perdoe-me...

Vasco saiu tão irritado que parecia estar cuspindo fogo. Gabriel percebeu o quanto poderiam ser delicadas suas tentativas de novas excursões. Conhecendo bem o líder, sabia que seu próximo passo seria a checagem da história toda, com o próprio Ludovico.

Realmente o rapaz não se enganou. No período da tarde, Vasco chamou-o para uma conversa. Arrogante como sempre, disparou:

– Chequei suas informações e todas procedem. Muito bem, se você quiser aprender algumas técnicas com o Ludovico, está autorizado. Agora saia, que tenho muita gente para atender.

Gabriel percebeu que a desconfiança ainda rondava o chefe, porque todas as audiências eram acompanhadas por ele, como verdadeiro braço direito.

As atitudes de desprestigiá-lo poderiam oferecer certas vantagens, como deixá-lo mais livre para as suas investigações, tendo a possibilidade de buscar novos rumos.

– Por que não? – questionou-se Gabriel.

CAPÍTULO 14

Pedido de asilo

O importante agora seria adotar uma estratégia para retornar à casa espírita e tentar um contato com aquele anjo de luz.

Em sua simplicidade, o jovem rapaz acreditava realmente que o contato com as entidades superiores demandava local adequado. Sua educação religiosa, enquanto recebeu alguma, estava dentro de uma estrutura formal, visando apenas o atendimento aos aspectos sociais. Logo, a limitada visão sobre Deus, Jesus e potencialidades do próprio Espírito eram totalmente ignoradas por ele.

Pensou em como poderia retornar àquela casa de oração e pedir asilo. Quem sabe não teriam possibilidades de abrigá-lo ou mesmo protegê-lo?

O desejo de desertar das fileiras comandadas por Vasco começara a se solidificar. O esgotamento e o vazio que sentia em seu íntimo, pelo fato de estar lutando contra seus próprios potenciais, ganhava força a cada dia. O mal – sendo postura equivocada da criatura e sem qualquer sustentação vibratória nas leis universais – começava gradativamente a ceder.

O deus interior clamava para a religação com o Senhor da Vida. Gabriel não era mais o mesmo depois do toque de Jesus, por meio do Seu Evangelho. A fluidificação havia infundido novas e equilibradas energias, estimulando pensamentos de paz e felicidade, como não sentia há muito tempo.

Recordou-se de quando era uma criança e seus momentos de brincadeiras e alegrias despreocupadas, sempre protegido pelos braços maternos.

– Como estaria agora sua mãezinha? O que teria acontecido com todos? Sua família? – perguntava-se repetidamente.

Acreditava que perdera tudo aquilo que era mais importante em sua vida e agora pagava o alto preço dos desvios praticados e, por isso, estava sendo castigado em viver daquela maneira, como um verdadeiro escravo, sem vislumbrar um futuro melhor.

Com a abertura que dava para dimensões superiores, foi inspirado para novos rumos, valorizando a existência. Aceitou todas as sugestões que eram feitas pelo seu mentor e decidiu que tomaria as atitudes que acreditava serem as mais acertadas, pagando o preço que tivesse que pagar.

Levantou-se e disse para si mesmo:

– Vou imediatamente para a casa espírita e, chegando lá, exponho a minha situação. Quem sabe alguém possa ter um pouco de misericórdia da minha desdita...

Entretanto, quando aproximou-se da porta do centro, não conseguiu entrar como da primeira vez. Circuitos eletromagnéticos afastavam as entidades cuja vibração não fosse minimamente equilibrada.

Um dos Espíritos que faziam a segurança da casa, vendo as tentativas frustradas de Gabriel, aproximou-se perguntando:

– Posso ser útil em alguma coisa?

– Sim, senhor. Não consigo entrar como das outras duas vezes que visitei este local. Gostaria de falar com alguém que pudesse me socorrer. Ontem à noite, participei de uma reunião e fui muito bem atendido pelo senhor Ednaldo. Por favor, se ele estiver na casa, diga que o Gabriel está aqui.

– Aguarde um instante – respondeu o atencioso vigilante.

Não demorou mais de um minuto, para Ednaldo surgir à porta, acompanhado do segurança, convidando:

– Vamos, Gabriel, vamos entrando...

O segurança abriu um espaço nas correntes eletromagnéticas de proteção, dando passagem ao jovem.

– Que bom revê-lo, Gabriel. Seja mais uma vez muito bem-vindo. Parece que você gostou mesmo do que viu e participou, estou certo?

– Certíssimo, senhor Ednaldo.

– Para você, meu amigo, sou apenas Ednaldo. Mas, diga-me, em que posso ajudar?

– Ednaldo, necessito de asilo, porque a minha situação é muito séria.

– Bem, nesse caso, vamos falar com o Mentor responsável pela instituição. Podemos ir até a sala onde ele se encontra.

Entraram em um ambiente repleto de entidades que aguardavam ordeiramente para serem atendidas, separadas por tipos diferentes de solicitação. Fizeram um pequeno registro com o atendente de plantão e se acomodaram nas poltronas existentes no local.

Gabriel ficou com o grupo que solicitava abrigo, tendo a companhia de Ednaldo.

As horas passaram céleres, até o momento em que o jovem foi chamado, sendo acompanhado pelo novo amigo que o apresentou ao dirigente espiritual.

Dirceu, como se chamava a nobre entidade, aparentava não mais que 60 anos, tendo uma compleição atlética, de quem por muito tempo esteve ligado à determinada modalidade esportiva.

Saudou o rapaz com alegria e um brilho em seus olhos muito verdes, que transmitia segurança e extremo amor pelos seus semelhantes.

– Seja bem-vindo, Gabriel. É uma alegria recebê-lo.

– Obrigado, senhor Dirceu. Como apresentado em minha ficha, preciso urgentemente de guarida...

– Sim, perfeitamente. Já foi possível constatar todo o seu histórico de vida até o momento.

Gabriel, um tanto aturdido, perguntou:

– Como? Minha história é conhecida de poucos. Será possível?

– Gradativamente, meu rapaz, pelos esforços empreendidos na evolução, você poderá exercitar seus potenciais e será muito simples adentrar na tela mental daqueles que necessitarem de auxílio.

– Tela mental?

– Sim, meu jovem amigo. Tudo o que somos e fazemos fica registrado em nosso campo mental, à disposição não somente de nós mesmos, mas também de todos os que nos amem e queiram o nosso bem. Logicamente, esta análise é possível de ser realizada, desde que a pessoa tenha evolução para tanto e suficiente amor no coração. Conforme os ensinos de Jesus, somos verdadeiros livros abertos, dos quais não conseguimos nos ocultar nem de nós mesmos. Tudo o que está em nosso interior, um dia, irá brotar como a semente que se esconde no ventre da terra. Foi por isso que o Cristo de Deus nos alertou no importante registro de Lucas, 8:17: *"Porque não há nada oculto que não venha a ser revelado, e nada escondido que não venha a ser conhecido e trazido à luz"*. Porém, este não deve ser o seu principal foco neste instante. Nós o abrigaremos, sim, e o encaminharemos para a assistência conveniente e estudos necessários dentro do Evangelho.

– Senhor, não sei como agradecê-lo. Deus lhe pague...

– Obrigado, Gabriel. Mas o agradecimento é também nosso por você estar aqui. Em breve tempo, sua gratidão será transformada em serviço ao semelhante, nas bênçãos do Pai. Ednaldo irá acompanhá-lo para acomodá-lo convenientemente.

– Antes de sair, o senhor me permitiria uma pergunta?

– Como não? O meu mais recente amigo quer saber como as mudanças se deram tão rapidamente em nossa casa?

Gabriel ficou boquiaberto. Como aquele senhor acabara de desvendar seus pensamentos, em relação à questão que estava prestes a formular?

– Não fique alarmado, Gabriel. O pensamento é energia, e energia é matéria. Logo, o pensamento é matéria mental e, como tal, pode ser captado. Você algumas vezes já deve ter passado por experiência semelhante, não?

– Mais ou menos. Não com essa naturalidade...

– Pois bem, vamos ao que interessa. A facilidade que o grupo de Ludovico, que foi acompanhado por você e o seu ex-líder encontrou ao adentrar nossa casa foi momentânea, em virtude de posturas inadequadas de um pequeno grupo que, nos próximos dias, será substituído por pessoas de muita boa vontade e interessadas no trabalho com Jesus. Minha atuação, juntamente com a equipe de servidores que me acompanha, foi a de restaurar os parâmetros do Evangelho para que esse ponto de luz não se extinguisse por conta do egoísmo e da vaidade, que infelizmente começou a se enraizar nesta casa de oração e trabalho.

– Uma espécie de intervenção, senhor Dirceu?

– Não colocaria dessa maneira, meu perspicaz amigo. Digamos que se trata de melhor direcionamento, sendo o Evangelho, o norte verdadeiro para todos os que aqui estão. Nada é por acaso. Se os homens não se entendem, a misericórdia divina envia recursos para auxiliá-los na reconciliação fraternal. Simples assim, Gabriel.

– Teremos mais tempo para conversar a esse respeito. Agora acompanhe o nosso querido Ednaldo que cuidará das acomodações adequadas para que você fique confortavelmente instalado.

– Mais uma vez, muito obrigado, senhor Dirceu...

– Agradeça a Deus e a Jesus, meu filho. Eu sou apenas um servidor Deles, nada mais...

CAPÍTULO 15

Receios

Ednaldo acomodou Gabriel em um salão onde outras entidades encontravam-se também abrigadas. A grande maioria refugiada de seus algozes, que eram, em geral, verdadeiros carrascos, com um único objetivo: aproveitar-se das pessoas, mantendo-as em total ignorância e dependência.

A falta de respeito para muitos deles que ali se aninhavam houvera sido tamanha, que as marcas de correntes e algemas ainda estavam presentes em seus corpos esquálidos.

Para Gabriel foi designado um leito próximo de um senhor que aparentava cerca de 80 anos. Um ancião simpático que logo se apresentou, enquanto Ednaldo retirava-se para outros serviços.

– Olá, meu nome é Martinho. Você é o...?

– Gabriel. Muito prazer em conhecê-lo.

– Recém-chegado também, Gabriel?

– Sim, e o senhor?

– Estou instalado há cerca de uma semana nesta casa abençoada, depois de ter sofrido nas mãos de criaturas brutais, por longo tempo.

– Não diga?

– Se você não se incomodar, posso resumir minha história.

– Incômodo nenhum, senhor Martinho. Terei satisfação em ouvi-lo.

– Muito bem. Quando deixei meu corpo material em definitivo, fiquei vagando no cemitério, até que surgiu uma senhora apresentando-se como médica. Seu nome era Ermelinda. Convidou-me para acompanhá-la, porque me encaminharia para um tratamento de recuperação. Disse para que não me preocupasse, pois tudo aquilo que eu passava e sentia era efeito dos medicamentos utilizados pelo longo período de internação. Eu, que havia ficado internado em um hospital cerca de um ano e meio, minguando com um câncer no estômago, acreditei que realmente deveria estar vivenciando um pesadelo provocado pela quantidade de remédios em meu corpo. Em questão de minutos, a verdade veio à tona. Ermelinda era a isca disfarçada em facultativo, levando as entidades ignorantes do seu estado de desencarnado, como era exatamente o meu caso, para as garras de verdadeiros vampiros, que me aprisionaram e me utilizaram como animal de carga, por mais de 20 anos. Quando passei a ter consciência da minha situação, 15 anos já se haviam passado. Fiquei nos meus últimos cinco, arquitetando meu plano de fuga. Era extremamente vigiado e, como estava sempre acorrentado, como você pode notar as marcas no pulso e nos tornozelos, a dificuldade era terrível. Certo dia, quando me soltaram para que pudesse me banhar na beira de um rio, até porque essas oportunidades eram raríssimas, o vigia que me aguardava sentou-se debaixo de uma árvore e adormeceu. Corri feito um coelho assustado, apesar de minhas forças estarem comprometidas. Fiquei escondido nas imediações desta instituição bendita, até que fui encontrado por Ednaldo, que, vendo meu estado, me trouxe até aqui. Ele me informou que fazia parte de uma equipe recém-enviada, para sanar determinados problemas que estavam ocorrendo nesta casa e que, tão logo eu estivesse recuperado, seria oferecida uma oportunidade de trabalho.

– Que interessante, senhor Martinho!

– E você, meu jovem, qual o motivo que o trouxe para cá?

– Realmente, ainda procuro clarear determinados aspectos de minhas últimas decisões. No entanto, fui me exaurindo de uma vida medíocre, cujo único objetivo era prejudicar os outros. Quero ver o que me aguarda.

– Fique tranquilo, porque estamos juntos nessa, Gabriel. Pior do que estávamos com certeza não iremos ficar. Bem, vamos ajeitar as coisas para você. Eu lhe ajudo no que for preciso, meu jovem amigo. Inicialmente, é interessante que você conheça o local. Em uma semana aqui, já bisbilhotei o suficiente – comentou Martinho, sorridente.

Andavam por um dos corredores do centro e encontraram com Ednaldo, que perguntou sorrindo:

– Estão passeando?

– Tomei a liberdade de apresentar a casa ao nosso novo amigo, como você fez comigo, Ednaldo.

– Excelente, senhor Martinho. Terminei minhas atividades e, se permitirem, gostaria de acompanhá-los.

– Autorizado! – respondeu o risonho ancião.

Depois de percorrerem as dependências do centro na dimensão em que se encontravam, chegaram à porta de entrada. Foi quando Gabriel demonstrou certa preocupação em seu olhar, que foi percebida rapidamente por Ednaldo.

– Algo o preocupa, Gabriel?

– Sim. Creio que, em breve tempo, serei localizado pelo líder do grupo do qual fazia parte. Tenho receios de uma possível invasão...

– Nada tema, meu amigo. Isso não será mais possível, porque fortalecemos as defesas vibratórias da nossa instituição, tão logo chegamos aqui, instalando equipamentos potentes e recolocando as coisas no seu devido lugar. Trabalhadores experientes de nossa equipe providenciaram todos os recursos para a defesa, em caso de qualquer tentativa de ataque.

– Mas Ednaldo, eles contam com Ludovico, um experimentado destruidor de casas religiosas.

Ednaldo, sorrindo, completou:

– De nosso lado, nós temos Jesus e o Seu Divino Amor. Duvido que tenhamos problema de monta com um aliado desse calibre. No fundo, Gabriel, Ludovico e todos os demais são nossos irmãos em Deus. Estão apenas equivocados, mas nem por isso deixam de ser filhos do mesmo Pai. Tenhamos confiança e aguardemos os desdobramentos em paz.

CAPÍTULO 16

O ataque

Naquela mesma noite, quando o centro espírita cerrava suas portas para o serviço com os encarnados, na dimensão espiritual intensos acontecimentos estavam por se desdobrar.

Por volta das 23 horas, surgem Vasco e Ludovico acompanhados de verdadeira multidão de entidades, todas portando paus, pedras e porretes, com atitudes ameaçadoras.

Chegaram próximos do centro, e Vasco ordenou que Ludovico checasse as defesas vibratórias antes de iniciarem as ações.

As sentinelas em seus postos deram imediato alarme, e todos os trabalhadores que se encontravam em plena atividade acorreram até a porta da casa, tendo Dirceu à frente, enquanto aparelhos de emissão de feixes eletromagnéticos eram acionados e posicionados.

Ludovico e sua equipe, apesar do esforço empreendido, não encontraram brechas nas defesas vibratórias do centro. A situação mudara por completo. Ele, retornando, se aproximou de Vasco e informou:

– Temos um problema.

– Como assim: temos um problema?

– Não consegui abrir uma brecha sequer nas defesas vibratórias. O quadro mudou substancialmente. É simplesmente impossível, pelo menos por enquanto.

Apontando para as torres de vigia, Ludovico continuou:

– Veja as sentinelas e seus equipamentos nas torres. Quando estivemos aqui recentemente, as torres estavam vazias, sem ninguém para tomar conta do local.

Vasco, explodindo de ódio, gritou:

– Faça alguma coisa! Quero aquele miserável de volta.

Ludovico percebeu que seria inútil continuar tentando argumentar. Mas tinha muitas dúvidas sobre o que poderia ser feito. Aproximou-se de um de seus especialistas e perguntou:

– Existe algo que possamos fazer, Alceu?

– Sinto desapontá-lo, chefe. Mas as defesas são inexpugnáveis. Seria tentar o impossível.

– Bem, da forma em que a situação está, vamos ter que disfarçar. Daremos a volta por trás do centro e faremos de conta que tentamos abrir um espaço para nossa invasão, porque o Vasco está simplesmente uma fera enlouquecida e vai acabar escolhendo alguém como culpado, caso não seja bem-sucedido.

– Entendo, chefe. Vamos até os fundos da casa...

Gabriel, que repousava profundamente em sua cama, distante de todo aquele tumulto, foi despertado por Martinho, que informou um tanto assustado o que ocorria.

Rapidamente se dirigiram para uma das janelas do andar superior e ficaram aturdidos com o exército que Vasco reunira. O chefão estava à frente, gritando ordens como de costume e desferindo palavras indecorosas para as sentinelas e seguranças do centro.

Como Ludovico demorava por retornar, Vasco resolveu tomar uma iniciativa. A princípio buscou intimidar Dirceu que estava mais à frente:

– Escute, velho miserável. Quero o meu garoto que vocês aprisionaram nesse local maldito. Devolvam-me o que me pertence, antes que eu invada e tire o rapaz à força daí. Juro que vocês todos pagarão muito caro...

Dirceu com tranquilidade respondeu:

– Não temos em nossa casa de oração e de trabalho com Nosso Mestre e Senhor Jesus, nenhum prisioneiro e tampouco qualquer propriedade que possa pertencer ao senhor. Em relação às suas ameaças de invasão, saiba que não tememos e peço, em nome de Deus, que desista desse tentame, para que evitemos sofrimentos desnecessários para ambos os lados.

– Que sofrimentos vocês poderão nos imputar, velho imbecil? Só existe um lado que vai perder nesta história toda: o seu! Último aviso: libere o sujeito que vim buscar ou esmagaremos todos...

Dirceu, percebendo que as tentativas seriam todas inválidas em virtude da posição de Vasco, orientou para que preparassem os equipamentos de defesa.

Nesse ínterim, Gabriel procurou Ednaldo e com voz trêmula disse:

– Meu amigo, acredito que o melhor a fazer é que eu me entregue, evitando um desdobramento infeliz. Se eu sair agora, o ataque que é eminente será suspenso.

– Gabriel, onde está sua confiança em Deus e em Nosso Senhor Jesus? Tenha calma. Ninguém irá passar por nossas defesas e nossos aparelhos de proteção. Por favor, antes do desespero, recorra à prece.

– Prece, Ednaldo?

– Sim, meu caro, prece. É o maior antídoto que se tem conhecimento no mundo contra o ódio.

Enquanto o curto diálogo entre Ednaldo e Gabriel se encerrava, no exterior, Vasco, gritando impropérios, ordenou que um grupo mais próximo das cercas vibratórias avançasse:

– Vamos, destruam tudo e todos os que estiverem no caminho. Quero aquele moleque em minhas mãos imediatamente. Tragam também o velho falador, para que eu aplique uma surra que ele jamais esquecerá.

As cenas que se sucederam foram dantescas, com as entidades atirando-se sobre a cerca eletromagnética e recebendo choques que chegavam a produzir queimaduras em seus corpos enfraquecidos e cobertos de farrapos.

Como não conseguiam alcançar nenhum resultado satisfatório, Vasco ordenava que outras hordas investissem contra as correntes elétricas inexpugnáveis, que pareciam aumentar de intensidade a cada nova tentativa.

A grande maioria das entidades era rechaçada pelas descargas e desmaiava ou ficavam totalmente aturdidas. No entanto, Vasco delirava diante daquele quadro e espancava os que recuavam, pelo receio do que presenciavam com os seus colegas.

Por fim, o líder aos gritos resolveu ele mesmo investir contra as defesas do centro. Recebeu tamanha descarga ao tentar quebrar as estruturas existentes, que foi lançado a longa distância, perdendo os sentidos.

A multidão começou a se dispersar, enquanto os seguranças do líder, improvisavam uma espécie de maca para o retirarem do local.

Durante a anarquia que ocorria em frente à casa espírita, Ludovico e Alceu encontravam-se apavorados, escondidos em arbustos próximos nos fundos do centro. Com o silêncio e a paz retornando, ambos foram verificar o que havia de fato ocorrido. Notaram porretes, paus, pedras e pedaços de tecidos espalhados pelo chão, mostrando o fim trágico do confronto. Foi Ludovico que iniciou o diálogo, demonstrando preocupação em seu tom de voz:

– Não poderemos voltar para a cidadela. Vasco irá descarregar toda a sua ira sobre nós.

– Chefe, o que faremos? Parte de nosso grupo deve ter retornado com ele. Estamos sós...

– Não sei, Alceu. Deixe-me pensar...

De repente viram-se cercados pelos guardas do centro, tendo Dirceu à frente, dizendo:

– Irmãos, nada temam. Se necessitarem de abrigo e proteção, nós estamos dispostos a oferecer-lhes guarida. Somos criaturas de paz e nosso único interesse é servir Jesus por intermédio do nosso semelhante. Somente visamos ao bem-estar de todos. Venham conosco, se desejarem, e serão tratados como nossos irmãos.

Alceu foi o que tomou iniciativa, respondendo:

– Vou com vocês. Para mim já não resta mais nada e o que me aguarda, se eu voltar, até o demônio sentiria medo.

Virando-se para o outro, questionou:

– E você, Ludovico, o que pretende fazer?

Aturdido, o líder mal podia crer no que estava acontecendo e na proposta recebida. Ele, que lutara para destruir o local, agora seria abrigado nele. O destino estava sendo irônico, pensava, quando Dirceu retomou a palavra:

– Ludovico, sei de suas tentativas em fazer justiça pelas próprias mãos, buscando vingar-se do sofrimento imputado à sua irmãzinha. Porém, será que já não é hora de reavaliar atitudes e corrigir as veredas. A justiça sempre prevalecerá, não pelas nossas mãos, mas dentro das leis de Deus, que estão inseridas em nossa consciência. Para que não vivamos na dor, Jesus nos trouxe o lenitivo do perdão. Aquele que não perdoa sofre intensamente, porque recorda repetidamente o quadro doloroso. Vamos, à renovação o aguarda. Dê uma chance para você e volte-se para Jesus e para Sua infinita misericórdia.

Atônito, Ludovico perguntava-se: Quem era aquele homem que sabia do seu sofrimento e do desejo de vingança que era mantido em seu íntimo? Percebia-se exaurido em suas forças e sem condições de continuar sozinho a sua luta. Fazendo um enorme esforço, respondeu:

– Estou de fato esgotado. Irei também com o senhor, e que Deus me ajude...

– Ele não desampara nunca os Seus filhos, Ludovico. Tenhamos fé...

CAPÍTULO 17

Estímulos edificantes

Na manhã seguinte, a situação havia voltado ao normal. Gabriel aproveitou a calma reinante e solicitou uma nova entrevista com Dirceu. Este o recebeu tão logo terminou a orientação dos trabalhos do dia, saudando o jovem de maneira amistosa:

– Bom dia! Como está o meu novo amigo?

– Senhor Dirceu, estou muito abatido com o ocorrido na noite passada. A tentativa de invasão da instituição deve-se unicamente à minha permanência nesta casa. Se conheço bem Vasco, ele tentará novamente. Seria melhor se eu...

Gabriel não teve tempo de concluir a frase, sendo polidamente interrompido por Dirceu:

– ... Fosse embora... Não é o que você pensa? Gabriel, onde está a sua fé no Pai amantíssimo, sua esperança em dias melhores, sua confiança em suas próprias forças? Acredita você que Vasco não faria algo semelhante tendo a sua companhia e a de Ludovico?

– Veja, meu jovem: Vasco, em seu delírio de grandeza, tinha em Ludovico o mais novo aliado para agir em terrenos desconhecidos. A criatura fascinada pelo poder não tem limites, porque perde o bom senso e vive unicamente para satisfazer o seu ego. Por isso, as pessoas passam a ser "números" e os opositores, "coisas" a serem removidas, caso não sejam úteis. Acompanhávamos as últimas lamentáveis ocorrências nesta casa e, quando recebi a incumbência de implantar as modificações necessárias, já contava com a possibilidade de receber você e Ludovico que, no fundo, são pessoas de bem, apenas orientadas por criaturas mais equivocadas.

– Mas, senhor Dirceu, eu vivo em erro constante, sou um fracassado...

– Não diga isso, Gabriel. Os erros são praticados pelo simples desconhecimento que temos das leis superiores do Criador e, diante Dele, todos nós, somos imprescindíveis. Acredita você que Deus tenha criado algo que seja imperfeito em Sua essência? Somos partícipes da criação em grau menor e importantes na posição que ocupamos na pirâmide da vida. Se nos encontramos hoje realizando trabalhos mais simples, de acordo com a nossa visão, logicamente, não podemos esquecer que estas tarefas não deixam de ser fundamentais diante de Deus.

– Ânimo, meu jovem. Conheço seu esforço, porque a leitura que faço é a de um pai diante do filho. Um dos maiores valores patentes em você é a sua força de vontade.

– Força de vontade? Eu?

– Sim, você! Gabriel, quem foi que decidiu parar de beber, apesar da cruel dependência que o álcool produz?

– Sim, eu consegui parar, mas, para poder utilizar-me dos meus recursos magnéticos de modo mais efetivo, almejando somente o prejuízo do semelhante.

– No entanto, o esforço foi feito. A realização em si mesma ocorreu pela força de sua vontade. E isso tem que ser valorizado e levado em conta.

– Gabriel, a partir de agora, todo o seu potencial

poderá ser utilizado no bem. A energia que dispendemos para o mal do próximo é a mesma que podemos utilizar em seu favor, na aplicação do bem. Aguarde com paciência, estudo e, acima de tudo, muito trabalho em favor do semelhante com a orientação de Jesus, por meio de Seu Evangelho, e você se tornará um novo homem.

– Mas o meu passado me condena...

– O passado serviu para o aprendizado, um verdadeiro alicerce para o seu despertamento atual. Ninguém está condenado, meu amigo. As leis de Deus são de amor, somente a nossa consciência nos condena e encerraremos o período de nossa prisão em nós mesmos, em nossa ignorância, quando abrirmos as portas das nossas celas interiores com a chave do amor. Lembre-se: ame! Ame sempre e acima de tudo. Somente o amor poderá nos transformar naquilo que somos na essência de nosso ser: deuses, conforme ensinou Jesus.

– Para não ficarmos na teoria, Gabriel, gostaria que você me auxiliasse em um serviço imediato. Gostaria de participar?

– O senhor acha que sou capacitado?

– Como não? Tenho certeza de que poderá se sair muito melhor do que eu.

– Agradeço seu estímulo, senhor Dirceu, porém...

– Não é somente encorajamento, mas trabalho efetivo com alguém que você conhece melhor do que eu. Trata-se de Ludovico e seu companheiro Alceu.

Diante da surpresa de Gabriel, o mentor continuou:

– Sim, meu caro. Noto sua surpresa, mas ambos estão conosco, porque perceberam a dificuldade em que se encontram, pelo menos momentaneamente. Vá falar com eles, atender aos seus anseios mais imediatos, apaziguar-lhes o coração. Confiarão mais em você neste período de mudança. Faça isso por eles, que necessitam de uma chance para encontrar Jesus.

– Conte comigo, senhor Dirceu. Farei o que me pede – respondeu o rapaz com confiança.

– Posso ir agora mesmo?

– Naturalmente que pode. Vá nas bênçãos de Nosso Pai.

Gabriel dirigiu-se aos aposentos onde se encontravam os novos hóspedes. Quando Ludovico reconheceu o jovem, ficou sem ação tamanho seu espanto.

– Gabriel? O que aconteceu? Como você pode estar assim?

– Assim como, Ludovico?

– Livre...

– Não sou prisioneiro aqui e nem vocês dois tampouco. Aliás, vim para cá por minha própria decisão. Estou exausto de ser o que sou. Necessito renovar-me e percebo que pode ser esta a nossa hora.

– Não sei. Estou aqui porque minha situação é extremamente delicada. Por enquanto, é minha única e salvadora escolha. Assim que estiver recuperado, vou analisar melhor as alternativas.

– Esta é a melhor escolha, Ludovico. É a única que não exaure as nossas forças e nos faz sentir como gente. Percebi, em poucos instantes de convivência com o pessoal daqui, o quanto me equivoquei. Eles só querem o nosso bem. Acredite nisso.

– Alceu está mais convencido, porém, não sei não, Gabriel... Podem estar nos enganando, para depois sermos tratados como prisioneiros.

– Duvido. Veja, estou livre para ir e vir, como você e Alceu também. Podemos nos unir para esta oportunidade que nos oferecem. Que temos a perder? Com Vasco, não tínhamos sequer nossa dignidade respeitada. Aqui nos oferecem uma nova vida. Por que não tentar?

– Talvez. Já vi tanta coisa com pessoas ligadas a religião, que me apavora.

– Porém, existem pessoas e pessoas... Não sou capacitado para nada, apenas o portador do convite feito pelo senhor Dirceu, que é o novo coordenador de trabalhos desta casa.

– Vamos ver, Gabriel. Sinto-me confuso e sem outra opção neste instante, conforme disse. Vamos dar tempo para as coisas ficarem mais claras, está bem?

– Com certeza. Mas, se você decidir ficar será ótimo, porque o que nos oferecem é estudo e trabalho. Deve valer muito a pena.

Gabriel despediu-se de ambos e retirou-se deixando Ludovico com suas reflexões.

Dirigindo-se para o salão de palestras, foi abordado por Ednaldo:

– Aonde você vai, meu amigo?

– Pensei em assistir à palestra...

– Para você, as aulas serão mais proveitosas neste momento. Temos o grupo de estudos do Evangelho e você está convidado.

– Excelente...

– Venha, vou apresentá-lo para a coordenadora dos estudos.

Durante o curto trajeto, Gabriel, dirigindo-se para Ednaldo, comentou:

– Fiquei intrigado com alguns aspectos das ocorrências de ontem à noite.

– Por exemplo?

– Pelo pouco que pude observar, notei que, à medida que as tentativas de invasão por parte dos comandados por Vasco aconteciam, eles eram cada vez e mais fortemente repelidos. Como isso é possível?

– Sempre o curioso Gabriel...

– Desculpe, é que não resisto...

– Que nada! Quem pergunta quer saber, não é? Muito bem, desde a mais alta antiguidade, o homem aprendeu que a força de seu oponente poderia ser usada contra ele mesmo. Vivendo em coletividades primitivas e violentas, almejando sua segurança e dos demais, acabou desenvolvendo determinadas artes, que se tornaram milenares no campo marcial. O Oriente foi mestre neste segmento. Os cordões de isolamento usam um princípio semelhante. Quanto maior a energia empregada pelo invasor, maior a carga que o repele. Para ser mais conciso, você encontrará no *Livro dos Médiuns*, no capítulo V – item 95 – e também na *Revista Espírita*, de agosto de 1860, explicações que podem ser utilizadas como analogia: uma moça que era aterrorizada por um Espírito de nossa dimensão, lançando pedras sobre a casa onde trabalhava e nela própria, nada mais era do que a fornecedora do material ectoplásmico que o desencarnado se servia. O Codificador analisou bem o exemplo, invocando o Espírito e questionando sua técnica. O invocado não sabia muito a respeito, mas informou que se utilizava desse recurso, ou seja, das energias cedidas pela jovem, para poder agir contra ela mesma e demais moradores da residência.

– Lembro-me agora que, muitas vezes, o Vasco impingia o pânico em determinada pessoa e minha ação magnética era sensivelmente alterada. Eu me sentia com o dobro de força.

– Você entendeu muito bem, Gabriel. O ódio estimulado por Vasco naqueles que queriam invadir a nossa casa, aliado ao medo que muitos sentiam em ver seus colegas abatidos, atuava contra eles mesmos. Por isso, aquilo que queremos fazer para os outros volta dobrado para nós. Não é assim o ditado popular?

– Sim. Mais ou menos, se me lembro bem.

– Pois é, Gabriel. Isso vale tanto para o bem quanto para o mal. Agora vamos, porque você vai se atrasar para o estudo.

CAPÍTULO 18

Reencontro feliz

As semanas passaram rapidamente, sem que houvesse qualquer notícia a respeito de Vasco e sua turma. Gabriel estava agradavelmente estimulado com os estudos que, aos poucos, apresentava Jesus e Seu Evangelho, por meio da lógica racional da Doutrina dos Espíritos. Aos poucos, ele começou a ser introduzido nas atividades da casa.

Ednaldo era seu guia e mentor, direcionando os anseios naturais do jovem neófito, estimulando ainda mais sua curiosidade em relação ao estudo sistematizado da Codificação e obras complementares.

Tinha-se a nítida impressão de que o rapaz era um espírita de longo tempo, apesar de nunca ter mantido contato com a Doutrina, seja na última ou outra reencarnação anterior.

Quando no período de intermitência entre existências corpóreas, esteve sempre em processo de semi-inconsciência, ou por vezes em uma espécie de sono letárgico, literalmente ignorando sua condição de Espírito. Porém, a luz quando se apresenta para aquele que tem interesse de mudança, mesmo que no menor grau possível, abre de tal forma novas perspectivas para o interessado que um novo mundo repleto de oportunidades se apresenta.

É a consciência que desperta para a vida e uma vez iluminada, a criatura nunca mais será a mesma.

Gabriel sentia-se renovado e decidido a trilhar novos caminhos. Os enganos cometidos pela total ignorância do direito do próximo seriam por ele retificados na medida de suas possibilidades e conhecimento de causa.

Certa manhã, antes de as atividades se iniciarem, tanto no plano dos encarnados como na dimensão espiritual, Gabriel resolveu procurar Ludovico para ver como ele estava se saindo diante das novas propostas apresentadas.

Falavam raramente, porque tanto Ludovico como Alceu apresentavam profundas desconfianças em relação àquilo que estavam vivenciando. Não entendiam muito bem o tratamento caridoso dispensado sem nenhum interesse. Como sabiam estar sem alternativa, era melhor esperar os desdobramentos. Sair dali e servir de repasto para Vasco e sua gangue seria muito pior. Tinham plena certeza de que o centro sofria vigilância dia e noite, porque Vasco não era homem de se dobrar facilmente. Apesar de ter sido afastado do local que desejou invadir, aguardaria uma oportunidade para repetir o intento, esperando, um dia ou outro, colocar suas mãos sobre aqueles que, segundo seus conceitos, teriam agido com traição. Isso Gabriel, Ludovico e Alceu tinham certeza de que toda a crueldade do ex-líder seria aplicada em seu anseio de vingança.

Quando o rapaz aproximou-se de Ludovico, encontrou-o alquebrado e um tanto depressivo.

Gabriel iniciou a conversa tendo o cuidado de não ser indelicado com perguntas desnecessárias sobre o quadro que observava:

– Como vai indo, Ludovico?

– Mais ou menos. Tenho andado preocupado e

com vontade de desistir disso tudo que me apresentam aqui. Não vejo razão suficiente para querer aplicar as mudanças propostas feitas pelos expositores.

– Na realidade, as propostas não são deles, meu amigo. São do Evangelho de Jesus. Eles somente são os seus divulgadores.

– Sim, entendo, entretanto não sei se elas são importantes para o momento que eu estou vivendo.

– Ludovico, se não fossem importantes, Jesus não teria vindo há mais de dois mil anos, para trazer os ensinamentos que trouxe. O Evangelho é fundamental para quem pretenda se educar verdadeiramente em relação a si próprio e compreender o mundo em que vive e sua relação com o semelhante. Hoje entendo o tempo que perdi no egoísmo que mantinha com aqueles que tive a oportunidade de conviver. Jesus é mudança, educação moral e medicação para os que estão enfermos. Por que você não insiste mais um pouco?

– Conforme mencionei, não vejo objetivo para isso tudo, como você, por exemplo. Talvez seu tempo tenha chegado, sei lá?

Gabriel percebeu que não deveria insistir naquela linha de raciocínio. Talvez fosse melhor pedir ajuda para gente mais capacitada. Ednaldo poderia auxiliá-lo nesse intento e, quem sabe, estimular um pouco mais o amigo que parecia estar entrando em quadro depressivo.

Despediu-se de Ludovico e Alceu e foi para os seus estudos. Terminada a aula da manhã, procurou por Ednaldo e relatou sua conversa com o colega e sua preocupação diante do estado que houvera constatado.

Talvez se o orientador fosse conversar com ele, poderia ser bem-sucedido e alterar a disposição de Ludovico em querer abandonar tudo. Sem contar o risco que corria, caso viesse a cair nas mãos de Vasco.

Ednaldo respondeu em tom sereno, buscando acalmar Gabriel:

– Tanto eu como o senhor Dirceu já vínhamos analisando a posição do nosso irmão. Aguardávamos uma oportunidade para apresentar-lhe alguém que poderá demovê-lo de seu desejo de abandonar tudo. Precisávamos de certo tempo para reunir todos os envolvidos em um único local.

– Posso saber do que se trata?

– Meu querido e curioso aprendiz terá que aguardar apenas mais um dia. Será possível? – respondeu Ednaldo com um largo sorriso.

– Sim, sim, com certeza – confirmou Gabriel, ruborizado.

– Então, amanhã à noite, por volta das 19 horas, convide Ludovico para ir até a biblioteca, está bem?

– Pode contar comigo.

Gabriel mal pôde controlar adequadamente sua angústia até o dia seguinte, quando por volta das 18 horas foi procurar Ludovico.

Encontrou-o em seus aposentos entretido em seus pensamentos, que já demonstravam um grau elevado de pessimismo.

– Olá, amigo, tudo bem?

– Estou levando a vida como posso, Gabriel. Hoje à tarde tomei a decisão de me afastar desta instituição.

Vou embora assim que escurecer.

– Você não está se precipitando? Não poderia aguardar um pouco mais?

– Acho que já passou da hora. Não tenho mais ânimo para continuar.

– Bem, respeito sua decisão, porém, antes que se vá, preciso lhe pedir um favor.

– Diga...

– Você pode me acompanhar até a biblioteca? Na realidade é um pedido de Ednaldo, que me incumbiu do convite.

– Certo, vamos até lá...

Chegaram rapidamente nas instalações, onde se encontravam vários estudantes dos dois planos existenciais, pois toda a estrutura era desdobrada para a dimensão espiritual ou, por que não dizer, o inverso, sendo a dimensão material uma cópia da realidade espiritual.

Encontravam-se no ambiente Ednaldo e Dirceu, que saudaram os rapazes com alegria:

– Como estão passando? – perguntou Dirceu.

– Bem, e o senhor? – respondeu o ansioso Gabriel.

– E você, Ludovico, como vai?

– Indo, senhor Dirceu. Vivendo um dia após o outro, sem novidades...

– Entendo, meu caro. Gostaria de fazer uma pergunta pessoal, você me autoriza?

– Sim, senhor.

– Há quanto tempo você desencarnou?

– Mais ou menos uns 70 anos. Não me lembro mais exatamente. Acho que é isso, sim...

– Você nunca mais pôde ver sua irmãzinha, desde então?

– Nunca mais. Porque, ao sair do corpo, a única paixão que me movia era a vingança contra aquele demônio que me infelicitou duplamente. Não só tirando a minha vida, mas desgraçando minha irmã.

– Palavras fortes, Ludovico. Apesar de entender a sua dor, creio que a melhor posição será a de utilizar do lenitivo do perdão, não? Somente ele poderá quebrar as estruturas do desânimo oferecendo novas oportunidades. No entanto, não estamos reunidos aqui para revolver o passado e sim olharmos para o futuro, que nos aguarda risonho e de braços abertos.

– No meu caso, sinceramente, senhor Dirceu, não vejo desta forma...

– Talvez se você vislumbrasse um novo caminho. Será que isso não alteraria seu estado de ânimo?

– Honestamente? Não sei o que responder...

– Você vê aquele casal de jovens encarnados que acaba de chegar à biblioteca?

– Onde, senhor Dirceu?

– Ali, próximo do balcão – apontou o mentor.

– Sim. O que têm eles?

– Aproxime-se da moça, meu caro.

Ludovico, ao atender à recomendação do mentor e ao achegar-se à jovem, teve um choque sem precedentes.

– Mas, é... É... Minha irmã. Meu Deus, é minha irmã...

Não se contendo diante de tanta alegria abraçou a moça beijando-a nas faces repetidas vezes. A jovem registrava naqueles instantes uma profunda sensação de bem-estar e carinho, sorrindo espontaneamente. O rapaz que a acompanhava indagou:

– Lúcia, o que foi? Viu um passarinho verde?

– Quase, Norberto. Não sei o que é, mas tive uma sensação de ter sido abraçada por alguém que me quer muito bem. Talvez seja o ambiente desta casa que melhorou muito ultimamente. Você percebeu?

– Sim, é notório ou, quem sabe, pode ser o seu mentor?

– Pode ser, mas foi uma sensação indescritível de profunda emoção e felicidade...

– Que bom, Lúcia! É porque você merece. Vai ver que o mentor a abraçou com toda essa vibração superior, porque você acabou se casando comigo – retrucou Norberto, brincando.

– Deixe de ser pretensioso, seu tolo. Deve ser por minha profunda paciência contigo – respondeu Lúcia, por sua vez, fazendo troça.

Enquanto isso, na dimensão espiritual, Ludovico derramava um verdadeiro mar de lágrimas agradecidas e felizes. Virando-se para Dirceu, declarou:

– Hoje é o dia mais venturoso de toda a minha vida. Não tenho como agradecê-lo pelas bênçãos que acabo de receber...

– Meu amigo, caso você queira ampliar esta satisfação, saiba que gostaríamos de ajudar.

– Como? Mais?

– Ludovico, existem planos do jovem casal em receber vários filhinhos no lar nos próximos anos.

Quem sabe não poderíamos pedir que os nossos maiores intercedessem por você e programassem seu retorno como um deles. O que acha?

– Seria uma ventura sem comparação. O senhor acha que isso é possível?

– Tudo é possível no amor, meu caro. Porque tudo o que se relaciona com amor se relaciona com Deus. Logo, nada é impossível quando se tem Deus no coração.

– Como o senhor a encontrou?

– Não fui eu que a encontrei. O amor é um poderoso eletroímã que atrai a tudo e a todos que se amam. Como não existem acasos nas leis de Deus, até as pedras se encontram, não é?

– Sim, é o velho ditado.

– Tudo é vibração, Ludovico. Ainda estamos longe de conhecer nossos próprios potenciais neste sentido. No entanto, dia virá que dominaremos essa faculdade que, pelos equívocos, insistimos por vezes em utilizá-la erroneamente, no ódio, por exemplo.

– Senhor Dirceu, posso saber a trajetória de minha irmã?

– Pelas informações de que disponho, ela desencarnou dias depois de você, submetida à violência de seu tutor, que buscou eliminar a prova viva do ato tresloucado. Porém, seu caminho foi o do perdão e, com isso, reencontrou seus familiares e amigos no plano espiritual, que a receberam com muito carinho e trataram de adaptá-la, para, depois de certo período, prepararem seu retorno ao orbe planetário.

– Todavia, ninguém desistiu de você e, apesar dos

deslizes levados a efeito por sua revolta, fragilidade da qual qualquer um de nós não está isento, buscaram dentro das leis divinas uma possibilidade desse maravilhoso reencontro. Deus, Nosso Pai e Criador, nunca desiste de nós, que somos frutos diletos de Seu Amor e quem ama nunca abandona o ser amado. Simples assim...

– Pessoal, eu não sei como agradecer, porque de mim mesmo, nada tenho, mas peço a Deus que cubra todos vocês de bênçãos, para toda a eternidade.

– Ele nos abençoa a todos, Ludovico, incessantemente. Vamos, meu amigo, porque um futuro radiante o aguarda...

CAPÍTULO 19

Tempo e reencarnação

Ao saírem da biblioteca, todos se dirigiram ao salão principal da instituição, a convite de Dirceu, para a palestra que seria realizada por um orador convidado, vindo de outro Estado, cujo tema abordaria a reencarnação.

Ludovico pediu para continuar junto de sua irmã, o que foi concedido pelo mentor, enquanto Gabriel aproveitava os minutos restantes antes da palestra, para questionar Ednaldo sobre os acontecimentos relacionados com o feliz reencontro.

– Como poderia haver tamanhas coincidências neste episódio entre os dois irmãos, Ednaldo?

– Temos que levar em consideração a questão da medida de tempo, Gabriel. No Universo todo, não poderia haver uma única condição na questão dessa medida, concorda?

– Sim, me parece lógico...

– Aquilo que nos acostumamos a relacionar com o passado, presente e futuro, existe para nós enquanto estamos neste estágio evolutivo. Contudo, essa medida de tempo, que nos confunde por vezes, não é real como a entendemos. Para Deus e obviamente para entidades superiores, Jesus, por exemplo, esse tempo é um "sempre presente". Por isso é tão difícil entendermos a capacidade do Cristo no quesito da precognição, quando Ele antecipava em mais de mil anos determinados acontecimentos.

– É fato...

– Desde a nossa criação, Deus conhece todos os caminhos que iremos trilhar e é exatamente por isso que basta abrirmos o coração para que sintamos o Seu amor em nosso íntimo. Não existe surpresa para Ele e os encontros relacionados com nosso desenvolvimento estão devidamente marcados por nós de uma maneira que ainda não conseguimos entender adequadamente, porque desfrutamos do livre-arbítrio e, sendo livres, acreditamos falsamente que podemos alterar as leis que regem o Universo. Ainda está longe a nossa integral compreensão sobre o ensinamento de Jesus, de que aquilo que semearmos, colheremos. Isso se dá em todos os sentidos, porque, de uma forma ou outra, desenhamos o nosso futuro a cada dia, porém, ao longo das reencarnações, que representa um único dia ou até menos na existência do Espírito, temos utilizado até o momento desses períodos para construir o que somos hoje, com reflexos para o amanhã.

– Um tanto complicado para o meu entendimento – disse Gabriel, sorrindo.

– Não só para você, amigo. Mas uma coisa vale sempre ter em mente: que amemos uns aos outros como Jesus nos amou e continua nos amando por toda a eternidade, porque somente o amor construirá novas pontes de relacionamento feliz entre nós e Deus. Se o livre-arbítrio está para nós como justiça divina, a inteligência nos proporciona a sagrada oportunidade de evoluirmos sem dor. Podemos e devemos ser os desenhistas do nosso futuro, já que o entendemos ainda desta maneira. Desta forma, fica fácil prever como será nosso amanhã.

– Podemos?

– Como não? É uma simples equação de causa e efeito. Se estamos na semeadura do amor, não poderemos colher material diferente. Isso não significa que não iremos encarar desafios, porém, o futuro está desenhado.

– Parece ser simples, Ednaldo.

– E, de fato, é. Só existe uma complicação: nosso egoísmo, que não permite enxergar um palmo à frente do nosso próprio nariz, na grande maioria das vezes.

– O trabalho vai ter início, Gabriel. Vamos entrar para manter a disciplina do horário.

O salão estava repleto de pessoas dos dois planos da existência. Dirceu, como responsável da instituição, recebia outros visitantes de dimensões superiores.

O orador fazia-se acompanhar de iluminada entidade feminina e, após a prece e a simples apresentação, iniciou sua palestra, dizendo:

– Irmãos, paz em Jesus.

– Foi o próprio Cristo de Deus que, se referindo ao seu primo, João, o Batista, como Elias, profeta do Velho Testamento, clareava para todos nós a lógica da reencarnação e sua justiça. Não apenas as questões relacionadas à justiça pura e simples, mas, sim, à metodologia educativa que a reencarnação representa. Reencarnar é aprender as questões básicas do relacionamento consigo mesmo e com o semelhante, porque aquilo que poderemos elaborar como teoria no plano do Espírito será na carne o verdadeiro teste prático. Teorizar a respeito do perdão e não vivenciá-lo é o mesmo que preparar o alimento que nos tire da penúria da fome e lançá-lo no lixo. Se não agimos incoerentemente para não morrermos de fome, como tratarmos das modificações necessárias sem vivenciá-las? Renascemos com aqueles que nos são afins, para exercitarmos a valorização em caráter pessoal e do nosso semelhante. O homem atual não suporta mais viver uma existência vazia, somente voltada para as questões das conquistas materiais. Prova disso é que estamos mais doentes, apesar de toda tecnologia alcançada dentro e fora dos laboratórios. Nunca tivemos tanto e nunca fomos tão miseráveis. É o mesmo que morrer de fome entre as gôndolas do supermercado. Temos tanto em nós mesmos, mas insistimos em continuar lançando fora, no cesto da ignorância e do desrespeito, esperando que o outro faça por nós aquilo que nos compete.

E prosseguiu:

– Reencarnação é vida e vida é participação. Quanto tempo ainda teremos que aguardar para que essa metodologia divina nos desperte? Sabemos, de há muito, que já não nos basta despertarmos pura e tão somente. É urgente que coloquemos mãos à obra, quebrando as estruturas antiquadas que nos prendem ao "eu", na condição exclusivista de olharmos somente para nós mesmos, nos preocupando com o nosso bem-estar e deixando que os problemas dos outros, continuem com eles. A vida nos solicita cooperação, e é exatamente por isso que nascemos em coletividade e não isoladamente. Busquemos Jesus e Sua Sabedoria para que Ele seja a bússola que nos oriente os passos, até que, um dia, reconheceremos o nosso próximo como irmão e não mais como aquele que disputa espaço e posição conosco.

Reencarnação é a oportunidade de amar na prática e não mais em teoria. Paz em Jesus!

Quando o expositor encerrou sua palestra, Gabriel virando-se para Ednaldo disse:

– Não sei por onde andei toda a minha vida que não vi as questões lógicas e simples do que acabo de ouvir. Percebo agora que dormi demais...

– Você não é exceção, Gabriel. A cada dia, noto claramente que acordo mais um pouquinho. Se você cochilava, meu amigo, eu, com certeza, dormia profundamente.

– Ednaldo, você sempre querendo levantar o meu moral. Está bem, vou dizer que concordo. Mas devo lembrar a você que costumo me olhar no espelho – Gabriel completou, sorrindo.

CAPÍTULO 20

Terapia do Bem

Os efeitos produzidos em Ludovico após o reencontro com sua irmã foram os melhores possíveis. Ele se mostrava mais disposto e interessado em poder auxiliar nas atividades da casa. Ednaldo tratou de incluí-lo no grupo de estudos, bem como seu companheiro Alceu.

O orientador sabia que, em breve tempo, os dois outrora transviados do bem estariam integrados nas atividades em favor do semelhante. Por vezes, a vivência na senda enganosa promove experiências que serão o alicerce sólido das mudanças efetivas da criatura, quando conscientizada de seus potenciais e da utilização deles de maneira mais objetiva. Era muito clara esta mudança em Gabriel que já colaborava nos trabalhos fluidoterápicos.

O antigo magnetizador, que se utilizava de seus recursos para praticar o mal, transformara-se em um dos mais efetivos trabalhadores nos serviços assistenciais voltados para a cura de enfermidades ou alívio dos casos mais problemáticos.

Como a prática do Bem patrocina para o servidor atento profunda ventura, transformando-se em verdadeira terapia, Gabriel irradiava felicidade. Vez ou outra, conversando com os seus amigos após as atividades do dia, Ludovico procurando provocá-lo com suas brincadeiras, dizia:

– Quem diria, hein, Gabriel? Promovido de anjo mau para anjo bom.

– Pois é. Nem eu acredito que um dia pude fazer o que fiz. Quantas pessoas prejudiquei com os dons que desenvolvi! Em minha última aula, o debate foi em torno do magnetismo animal, na qual fui informado pela coordenadora que esse potencial em mim é desenvolvimento de outras existências. Devo ter sido um daqueles bruxos da Idade Média, enfeitiçando meio mundo. Sinto muito ter utilizado esse recurso para atitudes tão desequilibradas.

Ednaldo, que estava chegando naquele instante, se juntou ao grupo e, ouvindo as últimas palavras de Gabriel, objetou:

– Não se sinta assim, meu amigo. Quem de nós por profunda ignorância e por vezes até bem-intencionado, porém mal informado, não causou prejuízo a outrem? Geralmente, erramos por desconhecimento, mas, tão logo nos conscientizemos dos deslizes, podemos transformar experiências desagradáveis em serviço edificante para nós e para os nossos semelhantes. Acredita você que eu também não cometi as minhas falhas? Minha última existência foi de profundo descrédito em tudo o que se relacionava aos aspectos espirituais, que sempre achei ser uma estratégia dos poderosos, para manter grande parte da população no cabresto. Um verdadeiro ópio para o povo. Ao sair do corpo físico, deparei-me com a dura realidade da continuidade da existência, não de imediato é claro. Para mim a morte era o nada, o sono letárgico. Foi Dirceu quem me resgatou da ignorância de mim mesmo, inicialmente me internando em instituição específica de refazimento e, em seguida, dando-me a possibilidade de conhecer o Evangelho do Cristo em bases racionais. Quando me encontrava um pouco mais esclarecido sobre as questões da vida e dos valores do Espírito, fui convidado pelo nobre mentor a ingressar em sua equipe de resgate de irmãos recém-desencarnados. Com o passar dos anos, a equipe foi requisitada para outras atividades e nos especializamos na recuperação de casas religiosas que, por vezes, entram em rota de desunião ou bancarrota. Desculpem tomar o tempo de vocês com uma autobiografia, mas minha intenção é somente dividir experiências e mostrar que todos nós temos mais qualidades do que imperfeições. Vale lembrar que estou cônscio de não ser exemplo para ninguém.

– Por favor, continue, Ednaldo – pediu Gabriel.

– Longe de qualquer comparação obviamente, mas nós podemos recordar Jesus. O Divino Mestre não nos deu prova cabal a esse respeito, quando convidou Paulo para ser o Seu representante máximo na divulgação do Evangelho entre os gentios? O currículo de Paulo, antes de sua conversão, não representava para os cristãos da época o que era de pior? No entanto, ele guardava no seu interior uma fé e uma determinação para o trabalho que fez a grande diferença no Cristianismo em sua implantação. Jesus conta conosco, apesar de nossas mazelas e enganos, essa é a realidade.

– Ednaldo, você sempre nos trazendo uma palavra de incentivo. Acredito que falo em nome de todos: muito obrigado.

– Gabriel, quem agradece sou eu, porque vocês, tendo a paciência em me ouvir, estão sendo os terapeutas das minhas enfermidades...

Foi a vez de Alceu se manifestar:

– Quem dera fôssemos os verdadeiros terapeutas, Ednaldo, quem dera?...

CAPÍTULO 21

Mudanças inesperadas

Com o passar do tempo, os três rapazes já se encontravam integrados nos serviços da casa, tornando-se colaboradores eficazes em seus compromissos, sempre disciplinados e responsáveis.

Gradativamente, passaram a ser mencionados pelos colegas como verdadeiros exemplos de dedicação e transformação interior. O bem incrustado no íntimo de cada um desabrochara com toda a sua pujança.

Dirceu e Ednaldo vibravam felizes pelos esforços que os jovens haviam empreendido e pelos resultados alcançados.

Apesar da autoconfiança desenvolvida, nenhum deles sentia-se seguro em sair da área protegida da instituição. Vasco e sua turma, com absoluta certeza, continuavam vigiando o local muito discretamente, mas os rapazes sabiam que eram observados.

Não demorou muito para os receios se confirmarem. Em uma sexta-feira, encerrada a última reunião da noite, enquanto os trabalhadores encarnados fechavam o centro, na dimensão espiritual as ações estavam por começar.

Vasco surgiu repentinamente com todo o seu exército, desta vez com grandes escadas e cordas, na tola concepção de que poderiam superar as barreiras vibratórias utilizando-se de material tão primitivo.

Estancaram a certa distância, e o líder, vestido com um tipo de armadura e, portando lança em uma das mãos, gritou:

– Volto a exigir o que me pertence. Quero os três

homens que aí se encontram trancafiados entregues a mim imediatamente ou invadiremos o local, e ninguém será poupado.

Todos os voluntários adiantaram-se até a entrada e janelas do centro, tendo Dirceu e Ednaldo à frente. Foi Dirceu quem iniciou o diálogo:

– Conforme informado na última oportunidade em que os senhores estiveram em nossas cercanias, não temos nada que possa pertencer a vocês e tampouco retemos quem quer que seja em nossa instituição. As pessoas que o senhor procura são livres para ir e vir. Ninguém é nosso prisioneiro. Portanto, peço, em nome de Deus Nosso Pai, que possamos encerrar este nosso assunto em paz e de uma vez por todas.

– Não vou terminar nada, seu velho cretino. Exijo os meus três soldados agora mesmo.

Gabriel, Ludovico e Alceu aproximaram-se de Dirceu, naquele exato momento.

O ex-líder dos três rapazes, quando pôde identificá-los, arfou de ódio e, no mesmo instante, ordenou:

– Venham para cá imediatamente, já que não são prisioneiros desse velho ridículo...

Gabriel pediu autorização para o mentor, no intuito de iniciar um diálogo com Vasco, no que foi atendido prontamente. O rapaz, dirigindo-se para todos os que se encontravam mais próximos do líder das sombras, discorreu:

– Amigos, é chegada a hora da mudança, como ocorreu conosco. Estão ao meu lado, como podem ver, Ludovico e Alceu, que poderão endossar as minhas palavras. Na realidade venho fazer um convite, para que todos nós nos unamos a Jesus. Fui um prisioneiro, sim, não do Vasco ou do ambiente em que me encontrava, mas de mim mesmo, de minha ignorância. As claridades do Evangelho abriram minha mente e pude enxergar a realidade de filho de Deus que todos nós somos. Encontrava-me exaurido de tanto sofrer na luta inglória mantida contra os meus próprios potenciais, que estão firmados no amor e na paz.

E convidou:

– Hoje entendo o tempo que perdi e os danos que causei para mim, no prejuízo que impingi para o meu semelhante. Abandonem as trevas da vingança e da dor e venham para Jesus.

Vasco, espumando de raiva, gritou:

– Não deem ouvidos para esse traidor. Ele quer enganar a todos com o seu palavreado lustroso. No fundo, está somente servindo de isca para aprisionar quem se aproximar da casa do demônio.

De repente, um dos partidários mais influentes do bando de Vasco dirigiu-se para a multidão que os acompanhava:

– Talvez o Anjinho tenha razão. Não vejo nenhum deles esfarrapados, imundos ou miseráveis como nós. O que ganhamos com o Vasco? O chicote, a fome e os trapos. Por que não acabar com esse sofrimento todo e ser tratado como gente, com dignidade?

Vasco, não suportando tamanha afronta, partiu em direção do insubordinado, porém, antes que pudesse agredi-lo, parte de seu séquito agarrou-o, neutralizando seus movimentos. O líder bradava palavras ofensivas e buscava libertar-se enquanto a confusão se instalava.

Muitos dos seus aliados começaram a clamar por justiça imediata:

– Igor tem razão. Vejam o Anjinho, Ludovico e Alceu. Todos estão muito melhores do que nós. Vamos acabar de uma vez com esse maldito...

Enquanto parte da turba se exaltava, os que não concordavam ou não entendiam o que estava ocorrendo fugiam espavoridos. A situação parecia estar ficando totalmente fora de controle, quando Dirceu, utilizando de um bastão que emitia um facho de luz, provocou um som altíssimo, chamando a atenção de todos para sua pessoa. Fez-se um instante de silêncio e o mentor falou em tom firme:

– Irmãos, irmãos... Paz! Mantenham a calma para resolvermos estas questões com serenidade. Não poderemos aceitar uma proposta de mudança por meio do recurso da violência. Recordemos Jesus e Seu gesto extremo de amor pela Humanidade. Todos os que estiverem com o desejo de se transformar para o Bem serão recebidos condignamente. No entanto, peço que libertem Vasco, que merece nosso respeito, como irmão que é de todos nós.

Os ânimos se acalmaram com as palavras de Dirceu, que emitia, ao mesmo tempo, energias altamente equilibrantes por intermédio de seu centro de força cardíaco.

O sábio mentor, buscando solidificar o momento de harmonia, convidou:

– Irmãos em Jesus, façamos juntos a prece que Ele mesmo nos ensinou há mais de dois mil anos.

Iniciando o *Pai-Nosso*, vários dos presentes, criaturas simples e frágeis, ajoelharam-se para a prece em direção ao Criador.

Enquanto muitos acompanhavam em silêncio, outros repetiam as palavras com lágrimas sinceras que rolavam de seus olhos.

Num átimo, luzes de um azul cintilante desceram do alto, enquanto pétalas brancas suavemente perfumadas eram derramadas sobre as cabeças de todos os presentes, constituindo um belo e simples momento de paz e amor do Criador, para todos os Seus filhos ali reunidos.

Os homens que retinham Vasco soltaram-no calmamente, e o líder, abatido e humilhado, foi se retirando cabisbaixo do local, quando Dirceu com muita serenidade disse:

– Vasco, saiba que as portas de nossa instituição sempre estarão abertas para você. Quando quiser, todos nós o esperaremos com muita alegria em nossos corações. Vá na paz de Deus e que Jesus o abençoe e ilumine as suas decisões.

O líder voltou-se em direção ao mentor, fez um gesto de agradecimento com a sua cabeça e desapareceu na escuridão.

CAPÍTULO 22

Providências emergenciais

Gabriel, vendo a grande quantidade de entidades que se abeiravam das barreiras de defesa do centro, aproximou-se de Ednaldo, questionando:

– Posso fazer duas perguntas?

– Em vez de uma, duas, Gabriel? Sem dúvida, quais são? – brincou o orientador.

– Como esses nossos novos companheiros poderão passar pelas cercas vibratórias e onde vamos acomodar tanta gente?

– Excelente observação, Gabriel.

– No que diz respeito à entrada deles, apesar de muitos estarem intimidados, será seletiva, pela vibração que cada um emite. Em outras palavras, se houver algum mal-intencionado, que esteja pura e simplesmente encenando, as barreiras impedirão a passagem. Quanto às acomodações, iremos contatar outras instituições, e todos, com absoluta certeza, serão abrigados e tratados condignamente. Não se preocupe. Agora, vamos ao trabalho: preciso que vocês, Ludovico e Alceu, que são conhecidos de muitos deles, organizem a entrada, enquanto vou com outros colaboradores preparar vestimentas adequadas e refeições. Todos, sem exceção, me parecem famélicos, não?

– Com certeza estão, Ednaldo. Eu vivia tal qual eles, miseravelmente.

À medida que os rapazes organizavam a entrada, muitas entidades vinham abraçar e agradecer a intercessão de Gabriel. Alguns mais tocados faziam menção de beijar-lhe as mãos. O rapaz, quando conseguia, evitava o gesto ou então retribuía respeitosamente.

Notava que a grande maioria estava pior do que poderia supor. Criaturas esquálidas, muitas com chagas pelo corpo ou feridas pelas agressões sofridas, provavelmente, por parte de Vasco ou de seus asseclas mais diretos. Vários deles portavam-se como verdadeiros zumbis e eram conduzidos por aqueles que se encontravam em melhores condições.

Um senhor de barbas e cabelos desgrenhados, mostrando idade avançada, aproximou-se, perguntando:

– Senhor Gabriel? Esse é seu nome, não?

– Sim, é. E o senhor, como se chama?

– Meu nome é Valentim. Posso fazer um pedido?

– Sim, pode. Se estiver ao meu alcance atendê-lo, será um prazer.

– Necessito de ajuda para o meu filho, que se encontra em grande agonia. Vasco havia prometido retirá-lo do cemitério onde se encontra, porém, sempre alegava estar ocupado demais para a tarefa.

– Estranho, senhor Valentim. Vasco sempre quis aumentar os componentes de seu grupo, por que não se interessou neste caso específico?

– Talvez porque o meu garoto foi um homem totalmente fora da lei. Um criminoso homicida, que está cercado por vários Espíritos que buscam vingança.

– O senhor sabe qual a sua situação, não?

– Sim. Sei que estou morto, digo, meu corpo está, há cerca de cinco anos. Mas, sem qualquer outra escolha, entre ficar vagando ou protegido no acampamento de Vasco, optei pela proteção.

– Retornando ao caso de Vitório, o senhor sabe,

ele é meu filho, que pode ter errado muito, mas continua sendo a criatura que mais amo neste mundo.

– E a mãe dele, sua esposa?

– Vitório foi abandonado quando era bebê na porta do meu barraco. Eu senti muita pena dele e resolvi criá-lo. Fiz o que pude para afastá-lo das más companhias, porém, ele nunca me deu ouvidos. Preferia andar com traficantes e criminosos, até que desapareceu de casa aos 15 anos de idade. Não viveu muito no corpo, porque aos 33 anos, foi assassinado em uma disputa por um ponto de comercialização de drogas. Mas, até a idade de sua morte, Vitorinho tirou a vida de muita gente.

– Como o senhor sabe que se trata dele?

– Meu coração de pai não me engana. Estava andando pelo cemitério com alguns capangas de Vasco, procurando "gente nova" para levar para o nosso chefe, aliás, "ex", e ouvimos uma gritaria em torno de um túmulo. Fomos até lá, mas as entidades que cercavam o jazigo não deixaram que nós nos aproximássemos. Eram muito mais violentas do que o pessoal que eu acompanhava. Porém, pude ouvir os gritos do interior do jazigo e tenho certeza de que eram do meu filho. Naquele exato instante, tentei fazer algo, mas fui impedido pelo nosso próprio pessoal, que me retirou do ambiente aos socos e pontapés. Sei que o senhor tem um bom coração e pode ser o salvador do meu menino. Por misericórdia, me ajude...

Grossas lágrimas banhavam o rosto de Valentim, tocando profundamente Gabriel e Ludovico, que se encontravam um pouco mais próximo.

– Verei o que posso fazer, senhor Valentim. Assim que acomodarmos todos em nossa casa, levarei pessoalmente o caso para o dirigente da instituição.

– Deus o abençoe, meu filho.

– A todos nós, obrigado...

CAPÍTULO 23

O resgate

O trabalho de atendimento avançou noite adentro e, por volta das 11 horas da manhã, tiveram início as transferências dos assistidos para as casas espíritas contatadas por Dirceu.

Foi acomodada boa quantidade de entidades nas dependências do centro, e aqueles que estavam sendo alojados em outras casas partiam agradecidos pelo tratamento respeitoso que fora a eles dispensado.

Assim que as circunstâncias voltaram ao normal, Gabriel decidiu procurar Dirceu e relatar a conversa e o pedido feito por Valentim.

O mentor recebeu a solicitação com a atenção habitual e orientou:

– Vamos trabalhar neste caso hoje mesmo. Reunirei um grupo para visitar o local, incluindo o senhor Valentim. Você, Ludovico e Alceu, se desejarem, poderão nos acompanhar. Ednaldo também fará parte da equipe.

– De minha parte, me incluo com alegria. Perguntarei para ambos se querem nos fazer companhia. Obrigado.

– Encontramo-nos às 20 horas em ponto na entrada do centro, para darmos a assistência necessária ao nosso irmão. Por favor, peça para Valentim chegar um pouco antes para conversar comigo, está bem?

– Claro senhor Dirceu. Vou me encarregar disso. Até mais tarde...

No horário acordado, a equipe designada por Dirceu estava presente, inclusive Ludovico e Alceu que aceitaram de muito bom grado a oportunidade de aprender e servir.

O mentor expediu as instruções mais imediatas e partiram. Rapidamente chegaram ao cemitério e se dirigiram diretamente para a alameda designada por Valentim.

Dirceu solicitou que o pai de Vitório permanecesse afastado do ambiente, na companhia de dois servidores da equipe, enquanto os demais iriam com ele para as providências necessárias.

Ao se aproximarem um pouco mais do túmulo, certificaram-se de que várias entidades faziam guarda no local, enquanto outros se encarregavam de torturar o pobre Vitório, que urrava de dor pelo sofrimento imposto a ele sem clemência.

Os vigilantes, ao verem Dirceu e os demais que seguiam em sua direção, deram o alarme. Logo, todos os componentes da malta estavam reunidos. Um total de 20 criaturas, em estado lamentável de desequilíbrio. Alguns tinham as faces e parte dos corpos deformados, exalando odores pútridos e nauseabundos.

Aquele que parecia comandar o bando interpelou:

– O que vieram procurar aqui? Nada pode ser do interesse de vocês. Portanto, desapareçam, senão...

– Senão, o que, meu irmão? – perguntou Dirceu.

– O quê? Você ousa me confrontar, seu louco? Só um alienado poderia fazer uma pergunta dessa natureza. E não venha com essa conversinha de meu irmão, que não me convence. Não temos parentela alguma, não lhe conheço e nem quero.

– Você está perdendo uma excelente oportunidade ignorando-nos, porque nosso único objetivo é o de trazermos o bem para você e seu grupo.

– Estamos bem e não precisamos de nada.

– Precisam sim, mas ainda não realizaram isso.

– Do que você falando, seu velho maluco?

– De Jesus!

O interlocutor hesitou e deu mostras de estar abalado. Buscando se recompor, disse:

– Não coloque a figura do Cristo dentro dessa conversa. Sou uma pessoa temente a Deus e ao Seu Primogênito. Quem mandou vocês aqui?

Gabriel, Ludovico e Alceu estavam impressionados com a mudança operada no chefe do bando, com palavras tão simples pronunciadas por Dirceu. Olharam para Ednaldo que fez um sinal para que o trio prestasse maior atenção na boca do mentor, quando este falasse.

– Foi o amor de Deus e de Jesus por todos nós. E por sermos irmãos, filhos do mesmo Pai, estamos aqui para convidá-los a vir conosco, trazendo inclusive Vitório, para que este receba socorro conveniente.

– Como você sabe dele?

– Não existe, nas Leis de Deus, nada que fique oculto. Não foi esse o ensino de Jesus?

Gabriel percebeu que a quantidade de ectoplasma exalado por Dirceu enquanto falava era impressionante. Os fluidos magnéticos envolviam todos os que cercavam o túmulo de Vitório.

– Aceitem nosso convite. Venham conosco, para que suas dores e sofrimentos possam ser aliviados. Você especialmente, meu irmão, conhece e respeita Jesus. Sabe que a vingança não é a recompensa para a paz.

– Mas Vitório sairá ileso se nós formos com você.

– Ninguém fere as leis divinas e fica isento da responsabilidade. No entanto, essas mesmas leis são de misericórdia. Corrigem educando e não punindo pura e simplesmente. Não somos capacitados em executar a justiça, porque não amamos suficientemente. Logo, ela teria um viés de vingança em nossas mãos, não? A entidade, agora completamente envolvida pelas vibrações superiores de Dirceu, dava mostras de estar em paz e questionar sua consciência sobre o que patrocinava pelo comprometido Vitório.

– Posso saber o seu nome? – perguntou Dirceu.

– Napoleão!

– Muito bem, Napoleão. Chamo-me Dirceu e tenho muita satisfação em conhecê-lo e gostaria muito de poder retornar a nossa instituição, tendo a sua companhia.

– Não sei? Deixe-me perguntar para os meus amigos. Espere...

Em instantes, Napoleão retornou:

– Eles querem saber o que você nos oferece? Porque deveríamos acompanhá-lo?

– Oferecemos não só abrigo, mas, acima de tudo, a honra de servir Jesus, na caridade para com o semelhante. É o suficiente?

– Talvez...

– Para que eu lhe convença de que nossas intenções são as melhores, posso saber onde estão os seus filhos?

– Como sabe da existência deles?

– Jesus, com Seu Evangelho de amor, nos proporciona a sagrada oportunidade de crescermos em nós mesmos e exercitarmos a nossa divindade. Quem procura assistir com amor passa a ter acesso às informações que são importantes para auxiliar, quando seja necessário.

– Eu mesmo não sei onde se encontram. É o que estou tentando tirar desse sujeito que está no túmulo. Foi ele que matou a minha menina e depois o meu garoto, por dívida de drogas.

– Napoleão, você gostaria de se juntar a eles?

– Você sabe onde estão?

– Sim. Encontram-se em instituição de tratamento, sendo acompanhados por sua esposa.

– Dulcinéia está com eles?

– Sim, desde quando partiu para a pátria espiritual.

As lágrimas de saudade inundaram os olhos de Napoleão que, se virando para Dirceu, pediu:

– Por misericórdia, senhor, leve-me até eles, pelo Amor de Deus...

– Com certeza. Antes, porém, deixemos que o pai de Vitório e a equipe que nos acompanha retirá-lo do ambiente em que está.

– Que ele venha, senhor Dirceu, eu mesmo faço questão de auxiliar na remoção.

Dirceu deu as orientações adequadas enquanto Valentim se aproximava e, com destreza, retiraram Vitório do túmulo gélido em que se encontrava, totalmente inconsciente de seu estado.

A cena era de grande emoção para todos, principalmente ao presenciarem Valentim abraçar o filho recém-desencarnado, derramando lágrimas sobre o seu rosto desfigurado pela dor.

Napoleão se aproximou e, com um gesto de profundo respeito, abraçou Valentim e disse:

– Sei o que sente pelo seu filho porque sou pai também. Por Deus, vamos nos unir para pôr um fim nisso tudo. Precisamos, como pais, desviar nossos filhos dos caminhos infelizes que eles decidiram trilhar...

CAPÍTULO 24

Aprendendo sempre

Vitório foi acomodado em uma maca especial, sendo envolvido em material semelhante a gaze, que neutralizava odores extremamente desagradáveis que eram exalados de seu perispírito, em virtude do padrão mental inferior que o rapaz mantinha por sua ignorância e selvageria criminosa.

A caravana colocou-se a caminho em direção ao centro espírita, tendo Dirceu à frente, acompanhado de Ednaldo.

Gabriel apertou um pouco o passo e se aproximou de seu orientador, visivelmente curioso sobre os últimos acontecimentos.

– Posso perguntar ou estou sendo inconveniente, Ednaldo?

– De maneira alguma, Gabriel. Diga o que você quer saber?

– Como Dirceu sabia dos filhos de Napoleão?

– Dirceu é um Espírito preparado, Gabriel. Conta com uma evolução bastante significativa, como você pode notar nas vibrações amorosas que envolveram Napoleão e todo o seu grupo. Para um trabalho de resgate dessa natureza, o mentor se preparou convenientemente, entrando em contato mental com entidades mais elevadas, buscando as informações necessárias para o projeto. Isso se dá por um processo aparentemente simples para Espíritos da evolução dele. Ele me informou que havia solicitado a você que encaminhasse Valentim à sua presença, momentos antes de partirmos, não?

– Sim, exatamente.

– Pois é. Dirceu fez as ligações mentais com Napoleão e sua turma, por intermédio do pai de Vitório, ao mesmo tempo em que recebia informações de nossos maiores. Lembre-se do fator tempo, em uma das nossas recentes conversas, Gabriel.

– Como assim, Ednaldo?

– O tempo na dimensão que estamos é muito semelhante ao do planeta que nos abrigava quando encarnados até há pouco tempo. É por isso que não sentimos mudanças drásticas e nem poderíamos, pois nossa natureza não pode dar saltos evolutivos que não sejam compatíveis ao nosso padrão mental. No entanto, em planos superiores, o tempo é outro, mais rápido se posso me expressar assim. Comparativamente, Allan Kardec, o Codificador, em *O Livro dos Espíritos*, registrou ensinamento dos Espíritos Superiores, esclarecendo que o corpo físico inibe de tal forma a capacidade do Espírito, cuja sensação é a de estar movimentando-se dentro de um pântano. Isso vale por analogia, para todas as questões relativas, incluindo o tempo. Nossa movimentação, tanto dos encarnados como também na dimensão em que nos encontramos, é vista pelas entidades mais evoluídas, como se fosse realizada em câmera lenta.

– Que diferença faz a evolução, não?

– Isso é o mínimo, Gabriel, diante da vivência do Evangelho. Para nós, os mentores de outras esferas seriam como deuses, com possibilidades que nem sequer possamos ainda imaginar. Seus conceitos relativos à vida, respeito, amor e caridade são tão elevados, que falta-nos desenvolvimento espiritual para entendê-los.

– É verdade. Dirceu falou sobre justiça de uma maneira simples, porém, com muita propriedade.

– Na realidade, os conceitos exarados por Dirceu provêm de mentor mais elevado. Trata-se de ensinamento de Emmanuel, registrado pela psicografia de Francisco Cândido Xavier, na obra *Pensamento e Vida*, que também está disponível para estudo em nossa dimensão. Aliás, trata-se de um livro que originalmente foi editado para os desencarnados e posteriormente transferido para a Terra, pelo querido médium.

– O que será de Vitório, Napoleão e dos demais que estamos acolhendo no centro?

– Cada um deles será encaminhado para a assistência adequada. Napoleão receberá tratamento fluidoterápico específico antes do reencontro com a esposa e filhos, enquanto que Vitório será transferido para instituição hospitalar adequada ao seu caso, podendo ser acompanhado por seu pai. Recorde que o rapaz se encontra inconsciente, devendo, depois de longo período de internação, reencarnar para iniciar seus resgates.

– Poderá ser uma reencarnação expiatória, Ednaldo?

– Utilizando de caridade com esses nossos irmãos transviados do bem, digamos que são experiências difíceis, nas quais os danos causados aos semelhantes se refletem de imediato no perispírito do reencarnante, vincando de maneira indelével sua estrutura psíquica e consequentemente seu corpo de matéria. Na grande maioria das vezes, o criminoso danifica de tal forma seu cérebro, que reencarna prisioneiro de si mesmo, vivendo em total oclusão para a vida de relacionamento. São existências dolorosas...

– Existências?...

– Sim, Gabriel. Por vezes, até que a consciência aflore para a necessidade de realinhar-se com a vida, reparando os danos causados para o próximo e consequentemente para si mesmo, poderão ser necessárias várias reencarnações. "A Natureza não dá saltos", já dizia Leibniz, e ninguém altera seus pontos de vista e seu procedimento de forma violenta ou imposta pela divindade. Deus nos respeita e envia o remédio para que possamos, ao usá-lo, minimizar nossa dor, mas não nos obriga a tomá-lo, porque Sua justiça magnânima está em conceder para nós a liberdade de escolha, com a consequente responsabilidade.

– Mas existem casos em que possa haver imposições de tratamento?

– Raros. Mas sempre de acordo com a necessidade de proteção da própria criatura. Quando uma criança fica enferma, ela não decide o que é melhor para ela em relação aos medicamentos e terapia ministrados pelo facultativo, não é assim? Logo, seus pais ou responsáveis precisam tomar as medidas adequadas para a recuperação de sua saúde, quer ela goste ou não.

– São as chamadas reencarnações compulsórias, Ednaldo?

– Sim. E cada uma delas tem um fundamento próprio, podendo até esconder o Espírito daqueles que, por ele, foram prejudicados e que buscam vingar-se pelos danos sofridos. Deus não alimenta o ódio e, sim, corrige com amor. Isso não quer dizer que o responsável não assuma integralmente os seus atos. Entretanto, não adianta torturá-lo pelo simples fato de acreditar estar fazendo justiça.

– A vingança, que é a desculpa do injustiçado para agir por conta própria, na realidade é a manutenção da crueldade que muda de lado e, por vezes, a atitude chega a ser mais hedionda, superando em muito o prejuízo recebido. Aquele que se vinga acaba, na grande maioria das vezes, cometendo crime pior.

– Pura realidade, Ednaldo.

A conversa proveitosa precisava ser momentaneamente suspensa, porque a caravana chegava ao ponto de destino, sendo recebida pelos plantonistas do centro, que acorriam para auxiliar os mais debilitados.

Dirceu, aproximando-se de Gabriel, disse:

– Tenho acompanhado o seu interesse pelos trabalhos e estudos, Gabriel. Parabenizo seus esforços, escorados brilhantemente no "Amai-vos e Instruí-vos", que o Espírito da Verdade ensinou para nós, os espíritas.

CAPÍTULO 25

Tempo de perdoar

– O senhor sempre muito gentil. Obrigado pelo encorajamento. Às vezes acho que aborreço Ednaldo além da conta com minhas perguntas.

– Que nada, Gabriel. Todos nós precisamos estudar e os assuntos tratados nos estimulam a pesquisar sempre mais.

– A literatura espírita em pouco mais de um século e meio é uma das mais completas bibliotecas para a iluminação do Espírito. Obviamente, esse legado mostra-nos o quanto somos responsáveis quando abraçamos a Doutrina, porque ela nos oferecendo todo esse cabedal de informação, não poderemos afirmar para quem quer que seja, ou melhor, para nós mesmos, que não sabíamos disto ou daquilo, para alterarmos procedimentos equivocados e nos encaminharmos no bem. "Bem" que é realizado para nós mesmos, quando nos dedicamos ao semelhante, no exercício da caridade, conforme nos ensinou Jesus e constantemente refrisado nas obras espíritas.

E prosseguiu:

– Falava há pouco sobre o ensino luminar do Espírito da Verdade e repare que, sem menosprezar o estudo, obviamente, o trabalho, sendo o exercício disciplinar da criatura, vem antes no "amai-vos". No "instruí-vos" está a maneira mais efetiva de crescermos no amor, porque, ao conhecermos mais, ampliamos o bom senso e nos tornamos mais efetivos no serviço em favor do próximo. Unidos, ambos, nos levam à evolução integral do Espírito, as famosas duas asas da evolução: amor e sabedoria.

– Tenho estudado a respeito nas obras básicas da Codificação e cada vez que releio um capítulo de *O Livro dos Espíritos*, por exemplo, encontro sempre um ponto que não havia observado corretamente.

– É a maturidade, Gabriel. Conforme crescemos, ampliamos nossa capacidade de observação e aprendizado. É real a condição de sermos semelhantes e não iguais, no entanto, na questão do aprendizado, essa é a igualdade que Deus nos concede. O conhecimento é absorvido por nós, de acordo com nosso momento evolutivo. Analise as questões das Parábolas de Jesus no tempo. Elas nos atendiam há dois mil anos conforme nossas acanhadas concepções a respeito do perdão, do amor e do bem. Atualmente, os mesmos ensinos nelas exarados, ganham maior profundidade, pois nosso nível consciencial está mais ampliado e, no futuro, elas serão as chaves que abrirão as portas de nosso relacionamento diretamente com Deus e estarão em nossas mãos, para reiniciarmos o ciclo, divulgando-as como Mestres em outros planetas, quiçá em outras dimensões.

– Interessante, senhor Dirceu. Acreditava que as Parábolas poderiam ter um fim útil para nós, mas, guardadas as devidas proporções, de tempo, cultura e local, os ensinos nelas contidos são eternos.

– Exatamente, meu jovem. A questão central é de conteúdo e não de forma. Um dia, a Humanidade de nosso planeta irá materializar as verdades contidas nas Parábolas e nos respeitaremos como verdadeiros irmãos em Jesus, filhos de Deus.

– Tomara que chegue logo esse dia, senhor Dirceu.

– Enquanto não chega, Gabriel, vamos continuar trabalhando, que é a maneira de colaborarmos para que esse dia se torne realidade o mais rápido possível.

– Gostaria de aproveitar a oportunidade, já que estamos falando sobre caridade e dizer algo que não me sai da cabeça, senhor Dirceu.

– Fale. Mas acho que já sei o que é.

– Trata-se de Vasco. O que terá ocorrido com ele? Retirou-se daqui sentindo-se humilhado. Se o conheço um pouco, os desdobramentos devem ter alquebrado o pobre homem.

– Estava aguardando por sua manifestação a este respeito. Veja que o seu coração se abre para o perdão. É o Evangelho de Jesus que está fazendo eco em você, Gabriel.

– Devemos preparar um grupo para falar com o nosso amigo e gostaria de contar com sua presença e também de Ludovico e Alceu, caso aceitem.

– Como não aceitar, senhor Dirceu? Entendo que da mesma forma que o Evangelho abriu novas perspectivas para mim, pode ser que a hora de Vasco tenha chegado, não?

– Sim, por que não? Tempo de semeadura e tempo de colheita. Por favor, fale com nossos rapazes e, caso aceitem fazer parte de nossa equipe, sairemos amanhã por volta das 14 horas, está bem?

– Excelente. Vou agora mesmo levar o seu convite...

CAPÍTULO 26

Perante Vasco

Ludovico e Alceu aceitaram imediatamente o convite e no dia seguinte, no horário convencionado pelo mentor, reuniram-se aos demais colaboradores, para a empreitada até os domínios de Vasco. Ednaldo também faria parte da equipe.

Todos prontos, puseram-se em direção à cidadela, não demorando muito para alcançarem o local, que se encontrava desolado.

Parte das cercas destruídas e portões entreabertos sem nenhuma segurança, como nunca fora costume do líder. Entraram sem dificuldades e a cena era ainda mais empobrecida, se comparada quando Gabriel tinha deixado aquele ambiente.

Ocas e cabanas derrubadas ou queimadas, lixo espalhado por todos os lados, pedaços de paus quebrados, mostrando que houvera uma luta, provavelmente pondo fim naquilo tudo.

Foram em direção à tenda de Vasco ou o que sobrara dela, depois do incêndio. Quando ingressaram no recinto, outra surpresa os aguardava.

O antes todo-poderoso chefe estava sentado em um pequeno tamborete, cercado de três entidades, que se assemelhavam a verdadeiros zumbis, tamanha era a alienação dos pobres infelizes.

Nem sequer viram Dirceu e parte do grupo se aproximarem. Vasco, cabisbaixo, ao perceber o movimento, levantou-se e temeroso inquiriu:

– O que vocês querem aqui?

Toda a sua petulância e altivez de outrora haviam

caído por terra, mostrando uma criatura fragilizada e completamente sem estrutura. Foi Dirceu quem iniciou o diálogo:

– Tranquilize-se, meu irmão, viemos em paz.

– Depois de tudo o que me aconteceu, você vem falar em paz? Devem estar contentes com o que me fizeram, principalmente esses três traidores que o acompanham. Vejam, não me resta mais nada – falou, apontando para os jovens transformados para o Bem.

– Desculpe-me, Vasco, mas há certo equívoco de sua parte. Não promovemos coisa alguma, porque o amor não estimula a desunião. O ódio, a humilhação e o desrespeito em que os seus associados viviam é que os levaram a este desfecho. Não viemos até aqui para atacar ou defender pontos de vista e, sim, fazer um convite.

– Como assim?

– Vasco, constate em seus ex-pupilos a mudança realizada pelo esforço que eles vêm empreendendo para integrarem-se na verdadeira vida, cuja base sólida é o amor e o trabalho. Com a sua capacidade de liderança e experiência, você em muito pouco tempo será um elemento de grande valor no trabalho para Jesus. Não falamos em religião contemplativa, mas, sim, da religião do Bem, na qual o serviço ao semelhante é parte fundamental e cujo único coordenador é o Cristo.

– Vamos, amigo, talvez o tempo tenha chegado. Não permita que posturas antiquadas perpetradas no interesse temporal continuem agindo em você. O Cristianismo puro revive, há quase 160 anos. A casa que foi o motivo de desavença em sua opinião – respeitável, é claro – abre as portas para recebê-lo. Ela, na verdade, é a entrada para o coração do Mestre.

E prosseguiu:

– Os rapazes que aqui estão fizeram questão em me acompanhar para reforçar o chamamento. É tempo de mudança, você não acha? Não quer experimentar e dar essa chance para você mesmo? Levaremos também esses nossos irmãos, que necessitam de amparo e assistência. O que me diz?

– Estou cansado realmente. Não me resta mais nada. Os que não permaneceram com vocês fizeram uma rebelião e me abandonaram. O que será de mim, que somente sei errar?

Para que Vasco não entrasse em discurso depressivo e de autodesvalorização, expondo-o diante de todos, Dirceu procurou desviar a sua atenção, envolveu-o em vibrações superiores de equilíbrio e paz, dizendo em seguida:

– Todos nós erramos e é exatamente por isso que precisamos uns dos outros, para nos fortalecer. Façamos o seguinte: venha conosco e analise com mais tempo se nossa oferta atende aos seus anseios. Caso contrário, você sabe que é livre para partir. O que acha de nossa proposta?

– Creio ser razoável. Deixe-me apanhar os meus trapos...

– Deixe tudo, meu irmão. Desligue-se do passado, a começar das pequenas coisas. Procure renovar seus sentimentos e, caso não goste da experiência, tudo continuará aqui, intocável.

– Está bem, vamos partir...

Ednaldo envolveu em profunda vibração de luz e carinho as três entidades que se apoiavam em Vasco e convidou-as para que acompanhassem o líder. Em suas atitudes alienadas, aquiesceram tranquilamente.

Ao chegarem à porta do centro, vários colaboradores esperavam a pequena expedição, saudando calorosamente a todos, principalmente Dirceu e Vasco que seguiam à frente.

Gabriel foi quem se aproximou do ex-líder, dizendo:

– Fui designado para acompanhá-lo até as suas acomodações, onde você encontrará todas as facilidades de uma suíte, com roupas novas e alimento. Podemos ir?

– Quem diria, hein, Anjinho? Eu que o tratei tão rudemente no passado, no presente, é você quem me estende a mão...

– Não faço nada mais do que faria um amigo, ou melhor, um irmão em Jesus, interessado no exercício do Amor Fraterno.

CAPÍTULO 27

Nossos amores

Os dias que se seguiram foram de adaptação reservada do antigo líder, onde os seus contatos eram feitos com Gabriel, Ednaldo e o próprio Dirceu, que o visitava pela manhã.

Ao término de uma semana, foi Gabriel quem lhe trouxe uma proposta de ocupação.

– Vasco, o senhor Dirceu solicitou que eu trouxesse uma oferta de serviço para você.

– Qual tipo de trabalho? Não sou especializado em nada.

– Não é necessária uma especialização. Todas as noites recebemos centenas de pessoas que são moradores de rua, que vêm receber a sopa fraterna. Infelizmente, muitos deles são acompanhados por entidades que pretendem criar desarmonia, muito mais por ignorância do que propósito.

– Você poderá auxiliar na fiscalização da porta, porque sua postura de comando, além de impôr respeito, ajudará a afastar os curiosos mal-intencionados. Sua presença já será de reforço nos atendimentos. O que acha?

– Não sei, Anjinho, digo, Gabriel. No dia em que chegamos, vi muitos dos meus ex-combatentes entre o pessoal do centro. Tenho receio de ser acusado de algo, reprovado mesmo, porque todos irão recordar da minha luta contra essa casa e agora me veem trabalhando por ela. Parece-me um contrassenso.

– Amigo, veja a minha situação. Não sou melhor que você. Como modificarmo-nos se não dermos o primeiro passo? Se Jesus fosse aguardar a perfeição de muitos dos Seus seguidores, não teria iniciado a implantação do Evangelho até hoje. Ele conta conosco, respeitando nosso estágio evolutivo. Em breve, você poderá ser inserido nos grupos de estudo e irá constatar que o Senhor necessita de nosso esforço na causa do Bem, da mesma maneira que precisamos Dele para nos guiar e sustentar. Em relação àquilo que vão pensar ou falar a seu respeito – ou, por que não dizer, ao nosso – é problema que não nos cabe neste momento. Cada um usa a sua liberdade como quer e se responsabiliza pelo bem ou pelo mal que espalhe, seja em pensamentos, palavras ou ações. Contudo, como todos nós nos encontramos em uma casa de trabalho e oração, duvido que tenham espaço para julgar quem quer que seja. Estão todos muito ocupados ou recebendo tratamento especializado. Ademais, vale lembrar o ensino superior de Jesus em João, 8:7: *Aquele que não tiver pecado que atire a primeira pedra.*

– Está bem, estou convencido, mostre-me o que devo fazer.

Chegaram à sala de refeições, onde os voluntários encarnados finalizavam os preparativos para dar início ao trabalho. Mesas, pratos, talheres, guardanapos, tudo era caprichosamente arranjado, dentro de um ambiente amplo, porém, aconchegante.

Quando tudo estava em ordem, o dirigente das atividades convidou os colaboradores para fazerem a prece e iniciarem a assistência. Neste instante, Dirceu entrou no salão acompanhado de outras entidades, que envolveram em vibrações de muita luz todo o local. O mentor aproximou-se do coordenador e solicitou pelas vias mediúnicas, que fosse feita a Prece do *Pai-Nosso*.

O amigo encarnado atendeu de pronto e os presentes, em atitude de profunda gratidão, acompanharam mentalmente a belíssima oração.

Enquanto as palavras eram proferidas pelo dirigente, uma chuva de flores brilhantes e diminutas, lembrando pequeníssimos girassóis, caíam sobre os colaboradores dos dois planos, sendo totalmente absorvidas. Imediatamente as sensações de paz e alegria aumentavam exponencialmente. A imagem de Jesus refletia-se nas paredes, como uma projeção em três dimensões, com movimento e cores brilhantes.

Assim que terminaram a prece, foi autorizada a abertura da porta central, que permitia a entrada dos nossos irmãos carentes, que iriam receber não apenas o alimento material, mas também o espiritual, em forma de Evangelho, que era ministrado pelo competente orador da casa, dez minutos antes de serem servidas as refeições.

Gabriel dirigiu-se para a porta na companhia de Vasco, que olhava para a movimentação, com profunda curiosidade e reverência. Os assistidos entravam tranquilos e respeitosos. As entidades que acompanhavam alguns deles eram convidadas a entrar para ouvirem a breve explanação da noite. Muitas aceitavam de bom grado; no entanto, outras saíam rapidamente do local.

Vasco teve sua atenção voltada para uma família que estava na fila. Um casal com duas garotinhas gêmeas, com não mais de 5 anos. Sentiu-se automaticamente atraído, como se uma força superior o levasse até próximo de uma das meninas.

Uma das pequenas, fazendo bico, protestava com o pai:

– Vai demorar pra gente entrar? Tô com fome...

– Calma, Silvana, precisamos respeitar a fila – respondeu o pai amorosamente.

Gabriel, não entendendo o que se passava, aproximou-se de Vasco, perguntando:

– O que foi? Está tudo bem?

– Não sei, de repente senti-me fortemente atraído por essa menina, cujo nome é Silvana. Estou completamente atordoado...

Dirceu, que não se encontrava distante, vendo a cena, se acercou dos dois companheiros.

– Senhor Dirceu, não sei o que está acontecendo comigo. Sinto-me imantado nessa criança.

– Vasco, deixe-me aplicar um passe em você. Concentre-se e pense em Jesus.

Dirceu iniciou com a energização do centro de força coronário e, logo em seguida, atuou diretamente no frontal. Encerrando a operação, perguntou:

– Sente-se melhor, meu amigo?

– Sim, sim... Interessante, posso ver cenas de minha infância... A menina, ela é... Não é possível, meu Deus, não pode ser...

– De quem se trata, Vasco?

– Ela é... Minha mãe!... Mãe, minha mãe...

Vasco ajoelhou-se ao lado da garotinha, que registrou sua presença por um instante, abraçou-a, beijando seu rostinho repetidas vezes, derramando lágrimas de saudades.

O acontecimento tocava a todos os presentes e as energias magnéticas do ex-líder que, um dia, haviam sido utilizadas para o prejuízo das pessoas, agora eram convertidas em profundas doações de afeto e carinho.

O mentor abraçou o novo amigo, dizendo:

– Percebe agora como Jesus nos ama, Vasco? Ele traz os nossos amores de volta ao nosso coração, quando nos dispomos a escolher novos rumos. Vamos, meu amigo, porque o trabalho está apenas começando...

CAPÍTULO 28

Questão de tempo

– Senhor Dirceu?

– Sim, Vasco, pois não?

– Esta família, na qual Silvana, minha mãe, está reencarnada, vive pelas ruas?

– De maneira alguma. Não recebemos apenas os nossos irmãos moradores de rua, como também famílias que vivem em situação de risco social. Elas obtêm desta casa uma saborosa sopa e igualmente alimentos para o mês e algumas roupas. No caso específico dos pais de Silvana, acrescentam-se outros itens para as necessidades das crianças. O centro passou por momentos delicados em virtude de administração equivocada quanto aos verdadeiros desígnios de uma casa espírita beneficente, mas, no momento, sob nova direção, retomou os caminhos propostos com base no Evangelho do Cristo.

– Em relação à residência de Silvana, o senhor me autorizaria a visitá-los?

– Sim, como não? Eles moram na periferia da cidade e poderemos ir até lá.

– Vivem na periferia e como vieram parar aqui?

– Bem, meu amigo. Inicialmente não existem coincidências nas leis de Nosso Pai, principalmente quando falamos de tempo, que é o seu santo remédio. Em outras palavras, a cura pode levar certo prazo, mas acontece, porque todos aqueles que precisam se reencontrar para reencetar caminhadas acabam de fato juntos, podendo ser pelo amor ou pelo ódio. Alguns casos levam séculos para serem solucionados; no entanto, seja em que circunstância for, serão todos resolvidos pelos seus protagonistas em algum momento, nem que seja um reencontro para trabalharem espalhando amor. A mãezinha das meninas trabalha como diarista em várias casas no bairro onde estamos localizados e, quando fazemos as entregas dos alimentos e demais produtos, aproveitam para tomar a sopa que servimos diariamente, para que não voltem para casa com o estômago vazio. Recomendação do Mestre em Mateus, 15:32: *(...) Tenho compaixão da multidão, porque já faz três dias que eles estão comigo, e não têm o que comer; e não quero despedi-los em jejum, para que não desfaleçam no caminho.*

– Extremamente válido, senhor Dirceu.

– Muito bem, meu amigo. Vamos continuar atendendo essa gente boa que está nos aguardando. Falarei com Ednaldo e verificarei se a visita à residência do casal em questão poderá ser realizada amanhã à noite.

– Não esperava que o senhor me atendesse tão prontamente. Por favor, não quero criar nenhuma situação constrangedora, porque já estão fazendo tanto por mim em um curto espaço de tempo...

– Absolutamente, meu caro. Todos os que se interessam pelo bem do semelhante merecem integral apoio. Iremos com prazer.

Vasco voltou à sua posição na porta do centro, não sem antes passar novamente por Silvana, a linda garotinha, e dar-lhe mais um demorado beijo em sua face rosada.

A pequena, em sua inocência, registrou novamente a presença de Vasco e comentou com sua mãe:

– Mamãe, tem um homem aqui que já me beijou várias vezes.

– Sim, filha? Deve ser um Espírito bom. Agradeça a ele e a Jesus, conforme a mamãe ensinou, está bem?

Novamente saía o ex-líder da presença da criança, enxugando as lágrimas que insistiam em inundar-lhe os olhos, dizendo para Gabriel:

– Eu, bom? Tem cabimento?...

– Amigo, guardada as devidas proporções, tem! Nos estudos que venho realizando, bons somos todos nós em essência, verdadeiros projetos de Deus, simplificando o ponto.

– Em meu caso, o projeto ainda está no rascunho de um pequeno pedaço de papel, provavelmente, todo amarrotado.

– Mas está se delineando, Vasco. Tudo é uma questão de tempo. Aguarde e você verá...

CAPÍTULO 29

Corações amigos

Por volta das 23 horas, Ednaldo foi até os aposentos de Vasco, para acompanhá-lo na visita a ser realizada.

– Amigo, Dirceu está nos aguardando no saguão, para irmos até a moradia dos pais de Silvana. Vamos?

– Sim, agora mesmo...

Faziam companhia ao mentor, Gabriel, Ludovico e Alceu. Foi Dirceu quem iniciou a conversa:

– Boa noite, Vasco, como vão as coisas?

– Tudo bem, senhor Dirceu. Hoje está sendo um dia especial para mim. Esta tarde, participei de minha primeira aula de estudo do Evangelho e agora vamos visitar minha mãe, digo, Silvana.

– Tenha certeza de que ela continua sendo a mãezinha amorosa de outrora. Realmente é patente seu bom ânimo. Podemos ir?

– Com certeza!

Puseram-se a caminho, utilizando-se de um veículo de locomoção rápida por eletromagnetismo. Ao chegarem ao bairro simples, foram diretamente para a casa de Adalberto, pai das crianças.

A moradia era extremamente simples, tendo apenas três diminutos cômodos: um quarto, cozinha e banheiro. Apesar do aspecto desfavorecido, o ambiente era asseado, tendo defesas magnéticas importantes, denotando que o Evangelho no lar era hábito regularmente praticado.

Vasco intimidou-se no momento em que foi entrar, quando notou as correntes brilhantes ao redor da casa.

Ednaldo discretamente aproximou-se e esclareceu:

– Não se preocupe. A senha para o acesso está na vibração positiva de boa vontade. O que impede a entrada de entidades que visam ao desequilíbrio do ambiente são as más intenções. Não é assim que Deus nos vê diante dos nossos atos? As intenções por vezes são positivas, mas em nossa posição evolutiva, nem sempre recolhemos os melhores resultados. Mas o que vale no final das contas para o Senhor Nosso Pai, senão o que a criatura realmente tem no seu íntimo?

– Quer dizer que não serei impedido de entrar?

– De maneira alguma. Vamos, tente...

Vasco, ao passar pelas correntes fluídicas, parecia um menino feliz diante de um presente que acabara de ganhar. Ednaldo não perdeu a oportunidade:

– Viu como é simples? O bem faculta nossa entrada em qualquer lugar, meu caro. Se, no Universo todo, a energia que o sustenta é o Amor de Deus, onde estivermos de coração puro, conforme recomendado por Jesus, seremos bem recebidos, respeitada a evolução que nos encontramos obviamente, porque uma coisa é certa na criação de Deus: não existe espaço para desorganização e falta de disciplina.

Para Vasco, o aprendizado era constante. Começara a se maravilhar com tudo que lhe era dito. Quanto se arrependia agora de ter lutado contra as pessoas, por vezes famílias inteiras, com um objetivo único: criar desarmonia e prejuízo.

Dirceu percebeu seus pensamentos e alertou:

– Meu prezado, não se culpe. A culpa é doença do coração, impedindo a criatura de realizar de maneira diferente, quando se conscientiza dos seus desacertos. Mude a direção de seus pensamentos e aproveite as bênçãos de Jesus, na sagrada oportunidade presente.

Encontraram o casal e as crianças dormindo profundamente àquela hora da noite. A esposa de Adalberto estava plenamente desdobrada, atestando profundo conhecimento do que ocorria na dimensão espiritual. Sua aura brilhante caracterizava um Espírito mais elevado. Aproximou-se inicialmente de Dirceu, cumprimentando-o com extrema simpatia:

– Salve, irmão querido. Que bom recebê-lo em meu humilde abrigo.

– A honra é toda minha, Aurora. Estão comigo outros companheiros, que provavelmente você já conheça.

– Sim. Eu os reconheço pelas vibrações. Quando visito a instituição sob sua direção, posso percebê-los vibratoriamente, com as limitações impostas pelo corpo físico, como você bem sabe.

– Sim, minha cara. O seu campo de luta atual é por demais cerceador, não?

– Em matéria de expressão espiritual, esperava que a atual reencarnação bloqueasse ainda mais minhas percepções. É óbvio que bloqueiam, porém, não tanto. Em breve, estarei frequentando os estudos no centro para trabalhar mediunicamente.

Os acompanhantes de Dirceu estavam atônitos com o que presenciavam. Guardadas as devidas proporções, Aurora falava com Dirceu em condições muito próximas de elevação. Era nítido para os acompanhantes, o fato de o mentor e Aurora se conhecerem de longa data. Dirceu continuou o surpreendente diálogo:

– Aurora, está conosco um irmão, que eu gostaria de apresentar-lhe.

A bela entidade dirigiu-se na direção de Vasco, envolvendo-o em um abraço fraterno, dizendo:

– Seja bem-vindo! As bênçãos de Jesus trouxeram, para minha felicidade, mais um irmão querido. A casa e o coração de todos estão abertos para recebê-lo. Venha até o quarto, que eu tenho um presente especial para você. Aguardemos um instante enquanto o nosso Dirceu prepara os detalhes.

Ao sinal do mentor, entraram no ambiente simples, e Silvana encontrava-se desdobrada com o auxílio dos recursos magnéticos implementados. Sua aparência era a de uma matrona, de feições muito bondosas, irradiando simpatia e tranquilidade.

Vasco, ao vê-la, abraçou-a, derramando lágrimas de profunda emoção. Suas palavras saíam entrecortadas e titubeantes:

– Mãe... Minha querida mãe... Auxilie-me, por misericórdia, porque me perdi na vida...

– Filho, amor da minha vida, não diga isso. Ninguém está perdido, porque Jesus é o nosso farol e direcionamento. Podemos por opção cerrarmos os olhos e querer desviarmo-nos de Sua luz amorosa. No entanto, ela está sempre em nós e, no momento adequado, quando abrimos nossa visão interior, vemos que Ele nunca nos abandonou. Estamos entre corações amigos, que o Senhor e Mestre nos recomendou. Aproveitemos as oportunidades renovadas para o nosso aperfeiçoamento e enterremos o passado, para sermos melhores no presente e alterarmos as nossas escolhas.

E finalizou:

– O importante é abraçarmos as responsabilidades assumidas e resgatar no bem os equívocos praticados pelo nosso desconhecimento das Leis de Deus. Você conta com o meu amor e, em breve tempo, estaremos reunidos. Fique na paz do Senhor!

Dizendo estas últimas palavras, a figura adulta de Silvana foi aos poucos se esvanecendo e retornando à estrutura infantil.

Dirceu carinhosamente ordenou:

– Irmãos, precisamos ir.

Dirigindo-se a Aurora, cumprimentou-a agradecido, sendo acompanhado pelos demais. Vasco, emocionadíssimo, beijou-lhe as mãos, dizendo:

– Senhora, se um dia eu puder retribuir a felicidade que me proporcionou, serei a criatura mais realizada no mundo.

– Teremos ainda a alegria de estarmos juntos, meu irmão, quando receberei você como meu neto, porque laços de amor nos unem há muito tempo. Vá em paz, nas bênçãos de Jesus.

CAPÍTULO 30

O reencarne de Ludovico

Os anos se passaram repletos de trabalho e estudos da Codificação e muitas outras obras complementares. Gabriel, Vasco, Ludovico e Alceu eram criaturas renovadas pelo Evangelho do Cristo, cada vez mais cônscios de suas responsabilidades.

Todos se empenhavam ao máximo nas atividades que abraçaram na casa espírita, desdobrada no plano em que se encontravam. Os serviços de atendimento na dimensão espiritual não sofriam interrupção. Funcionavam as 24 e eram realizados todos os dias da semana.

Grupos assistenciais partiam do centro, que se tornou um importante ponto de apoio para a região, prestando suporte às casas menores, suprindo determinadas necessidades, principalmente na área dos resgates de irmãos recém-desencarnados que buscavam, muitos deles, retornarem aos seus lares de origem, completamente desorientados que se encontravam diante da nova situação.

O quarteto fazia parte de um desses grupos de resgate, no qual a técnica, que utilizaram um dia para engrossar com novos componentes o exército comandado por Vasco, agora servia para retirar do sofrimento e extravio centenas de entidades inconscientes da continuidade regular da vida.

O centro crescia em voluntários e assistidos nos dois planos de existência, acarretando também a sua expansão física. Em pouco tempo, os dirigentes responsáveis pela instituição no plano terrestre concluíram a reforma, dobrando de tamanho o edifício original de três andares, implantando os cursos de evangelização para a juventude, investindo maciçamente naqueles Espíritos que estavam praticamente acabando de retornar ao corpo físico e que seriam, no futuro, os dirigentes e trabalhadores da instituição, dando continuidade às atividades voltadas para o bem, na regência de Nosso Senhor e Mestre Jesus.

Certo dia, no retorno da equipe ao centro, da qual os quatro amigos faziam parte, foi recepcionada por Dirceu.

Atendidas as entidades que haviam sido resgatadas, o mentor chamou Ludovico para uma conversa particular.

Reuniram-se em uma pequena sala, e Dirceu, com um largo sorriso, disse:

– Tenho excelente notícia para você. Lúcia, sua irmãzinha, a qual você tem visitado com certa frequência e Norberto, seu esposo, estão devidamente preparados pelos amigos espirituais responsáveis pelos processos reencarnatórios e prontos para recebê-lo como primogênito.

Ludovico, não contento as lágrimas de felicidade, abraçou Dirceu, agradecido.

– Que Deus abençoe e ilumine cada vez mais o senhor, que reconheço seu esforço contínuo para este desfecho.

– Ludovico, fiz o que qualquer irmão em Jesus faria. Os agradecimentos são para Ele e para o Nosso Pai.

– Tenho mais uma boa nova.

– Mais, senhor Dirceu?

– Sim. Alceu também foi aceito pelos corações generosos de Lúcia e Norberto e renascerá como seu irmão, com uma diferença de apenas dois anos, para que vocês cresçam e sejam educados praticamente juntos.

– Que excelente notícia! Sinto-me feliz e muito grato. No entanto, tenho receios diante da nova empreitada.

– Muito comum, meu caro. Sempre que temos mudanças significativas à frente, saindo da zona de conforto, é comum que tenhamos algum receio. Exatamente por isso, precisamos fortalecer ainda mais a nossa fé. Confiança em nós e nos planos divinos, que visam unicamente ao nosso bem e felicidade. Descanse em relação ao novo expediente, porque estaremos juntos de seu coração, bem como no de Alceu que será informado em seguida. Por mais difícil que as provas se apresentem, não desista de você mesmo, porque todos que estiverem na retaguarda, jamais desistirão em relação ao seu sucesso. Confie, meu filho, porque fibra você tem de sobra e sairá triunfante, porém, agora com Jesus e não mais contra Ele.

– Até porque, senhor Dirceu, aprendi nesses anos de trabalho e estudo nesta casa abençoada, que nunca estive contra Jesus e, sim, contra mim mesmo, em um esforço enorme de luta contra a expansão do meu amor. Tentei sufocar-me nos meus pontos de vista e hoje, um pouco mais desperto, vejo o tempo e a energia que desperdicei.

– Considere tudo como experiências, Ludovico. Às vezes queremos aprender de forma mais complicada e o Senhor, que nos ama, permite que façamos conforme nossa livre opinião, até o instante que o amor enclausurado em nós, grite mais alto e nos traga de volta para o verdadeiro caminho, que é luz para o Espírito imortal. Somos de Deus e Dele necessitamos para a nossa existência, como o peixe precisa da água para viver. Por vezes, como os peixes, não temos consciência de que vivemos em Deus. No entanto, estamos dentro do oceano de Seu amor. Por isso, confie, porque o Senhor nos sustenta e está conosco, como estamos Nele.

– Quais os procedimentos que devo adotar a partir de agora, senhor Dirceu?

– Providenciaremos sua transferência nos próximos dias para uma das instituições responsáveis por serviços de reencarne. Uma vez você estando instalado, os procedimentos serão adotados pelos especialistas da área. Não se preocupe, porque acompanharemos o processo todo. Estaremos ao seu lado, está bem?

– Sim, mais uma vez, fico extremamente agradecido.

– Agradeçamos a Jesus que nos oferece a oportunidade da renovação. Por favor, agora chame o nosso Alceu para que eu possa informar-lhe da novidade.

Alguns dias se passaram e, apesar de Ludovico procurar manter-se o mais confiante possível, em determinados momentos, as preocupações se apresentavam, porque sabemos o que a reencarnação representa para o Espírito que se encontra ainda frágil diante de suas próprias convicções. O mundo oferece oportunidades de desvios para Espíritos em aprendizado e somente a criatura, confiante em seus valores e em Deus, poderá fazer a opção para os caminhos retos.

Naturalmente, encontramos um percentual razoavelmente diminuto diante da realidade da salvação, que, em muitas oportunidades, constituem-se em abrir mão de seus interesses para o benefício coletivo, naturalmente respeitados esses mesmos interesses, de acordo com o entendimento que o ser possua naquele momento de sua evolução.

Salvar-se, portanto, será trabalhar para o autoconhecimento, transformando ignorância em sabedoria, para o gerenciamento efetivo de si mesmo. Quem se conhece é senhor dos seus pensamentos, palavras e atos.

Com esses conceitos, Ludovico foi transferido para a unidade reencarnatória, acompanhado do mentor e de seus amigos.

Os técnicos responsáveis informaram a data que os procedimentos ocorreriam.

Tudo agendado, na data convencionada, compareceram Dirceu, Ednaldo, Gabriel, Vasco e Alceu para o "até breve".

Ludovico encontrava-se recolhido em aposento especial, deitado em uma cama confortável, aguardando o momento para a transferência para a área de operação especializada.

Os amigos o envolveram em abraços afetuosos e palavras encorajadoras. Dirceu falou por todos:

– Irmão querido de nossos corações, continue mantendo seu firme propósito de crescer para o Bem. Nada tema, porque acompanharemos os seus passos.

Em sua primeira infância, você nos identificará com tranquilidade e em determinados instantes, principalmente nos momentos de sono do corpo físico. Ao desdobrar-se você manterá a lucidez de agora e poderemos continuar nossas proveitosas conversas, até quando o seu processo reencarnatório estiver consolidado, mais ou menos aos 7 anos de idade. Na mocidade, sua mediunidade será tranquilamente despertada e nós, seus irmãos em Cristo, ao lado de seu mentor, que estará contigo nos próximos dias, continuaremos a assisti-lo. Em alguns instantes, a sua lembrança destes momentos surgirão em forma de *flashes*, que serão prova viva de nosso amor por você.

Neste ínterim, bateram à porta dois especialistas, que entraram saudando os presentes:

– Bom dia a todos! Ludovico, como está? Preparado?

– Sim.

– Então, vamos iniciar os procedimentos. Os senhores poderão nos acompanhar.

Seguiram todos para um ambiente semelhante a uma sala cirúrgica nos hospitais do planeta, porém, com equipamentos e estruturas adequadas ao cometimento. Uma câmara central, de dimensões ampliadas no centro da sala, acomodou Ludovico, que foi informado das fases seguintes:

– Este equipamento irá auxiliar no procedimento de redução perispirítica. Seu corpo atual será reduzido para uma molécula praticamente e, sendo ligado ao óvulo fecundado de sua futura mãezinha, irá desarrolhar todo o processo de recapitulação evolutiva, respeitando para a sua organização fisiológica, a genética dos futuros pais. Alguns contratempos de saúde estarão presentes na caminhada que agora se inicia, mas nada que você não possa superar com galhardia.

– Neste instante, necessitaremos que todos entrem em prece ao Senhor, e você, Ludovico, deixe-se envolver pelas energias agradáveis dentro da câmara. Quanto maior a sua confiança, mais tranquilo será o processo. Pronto?

– Estou. Que Deus me ajude!

Todos se uniram em sentida prece e, logo após, os trabalhos tiveram início. Gabriel e seus dois amigos, que presenciavam pela primeira vez um processo reencarnatório, ficaram impressionados com as cenas.

A câmara inundou-se de fluidos prateados e, com certa transparência, era possível divisar o perispírito de Ludovico, que aos poucos se reduzia de seu formato adulto, passando pelas fases infantis, até o momento que se miniaturizou de tal maneira, que somente podia ser analisado por equipamentos ópticos especiais.

Foi Dirceu quem tomou a palavra, agradecendo a todos e solicitando aos seus acompanhantes que o acompanhassem em pensamentos de paz e sucesso para o amigo que partia para novos desafios.

Ao se retirarem, Gabriel, ávido por informações adicionais, questionou o sempre paciente Ednaldo:

– Diga-me, por favor, quais os desdobramentos posteriores para o que acabamos de assistir?

– A programação contemplará a implantação no útero materno esta noite. Ludovico há certo tempo já está magneticamente ligado à futura mãezinha. E, assim que seu óvulo for fecundado, os técnicos reencarnacionistas farão a primeira ligação por intermédio do perispírito de nosso amigo, com a estrutura física, que se desenvolverá e lhe servirá por muitos anos. Este processo com maiores detalhes já foi descrito por André Luiz em uma das obras de sua lavra, intitulada *Missionários da Luz*, através da mediunidade do nosso estimado Chico Xavier.

E destacou:

– É importante lembrar, no entanto, que os detalhes apresentados pela iluminada entidade dizem respeito ao processo reencarnatório de Segismundo, especificamente. Não existem dois processos de reencarne e desencarne iguais, até porque nós somos semelhantes e não iguais. Devemos considerar que, cada caso, tem a sua particularidade.

– Provas, dificuldades e demais detalhes da reencarnação são conhecidos de Ludovico, Ednaldo?

– Sim, visto que manteve sua consciência, houve participação dele, porém, orientado por mentores especializados, que se ligam aos Espíritos superiores, para que haja o melhor aproveitamento possível da reencarnação. Dirceu foi acionado em alguns momentos para auxiliar também.

– Tenho certeza de que Ludovico, amparado pelo amor daquela que foi um dia sua irmã querida e o recebe como mãe, será bem-sucedido. Vamos continuar orando por ele, Gabriel.

Dirceu que seguia um pouco à frente com Alceu

e Vasco, ouvindo algumas das explicações de Ednaldo, comentou:

– O seu pupilo está cada vez afiado, meu caro Ednaldo.

Virando-se para Gabriel, finalizou:

– Louvo o seu interesse em relação ao conhecimento, porque será a base de seu sucesso amanhã. Deus o abençoe, meu filho.

CAPÍTULO 31

Despedidas

A casa espírita, sob a responsabilidade direta de Dirceu como mentor e orientador, alcançava resultados extremamente expressivos, tanto no campo da assistência espiritual como também social.

Nas duas dimensões, milhares de irmãos eram atendidos, minimizando suas dores, esclarecendo, educando e consolando, totalmente dentro da estratégia delineada pelos dirigentes encarnados, alinhados com as diretrizes vindas do mais alto.

Dirceu solicitou uma reunião com todos os dirigentes e trabalhadores do centro.

O salão principal àquela hora da noite encontrava-se repleto, com a presença dos colaboradores da dimensão espiritual e, também, dos reencarnados, que se encontravam desdobrados pelo processo do sono. No horário convencionado, Ednaldo convidou os presentes para a prece inicial.

O ambiente foi coroado de luz, com projeções das entidades mais elevadas em belíssimos espetáculos de cores envolventes, que transmitiam paz e esperança.

Assim que Ednaldo passou a palavra para Dirceu, que disse:

– Irmãos, que Jesus nos abençoe!

– Estamos trabalhando juntos há mais de dez anos e, durante esse período, várias conquistas foram realizadas em todos os campos. Tivemos a felicidade das ampliações serem concretizadas no plano terrestre. Por isso, aumentamos consideravelmente as possibilidades de atendimento aos nossos irmãos reencarnados. Em nossa dimensão, muitos companheiros se agregaram aos nossos programas, prestando serviços de inestimável valor. Nós nos associamos a várias outras entidades que buscaram nosso apoio e que, por sua vez, nunca nos faltaram, sustentando nossas debilidades em determinados setores. Os dirigentes desta casa de bênçãos no plano terrestre promovem um trabalho de excepcional qualidade. Portanto, transformaram esta instituição que caminhava para a desagregação em um exemplo de competência e amor. Verdadeiro farol de luz, auxiliando com valor a formação do homem do futuro, que viverá o Evangelho do Cristo em sua plenitude. Venho esta noite agradecer a todos pelo excelente trabalho que realizam para Jesus, com as bênçãos de Nosso Pai. Porém, é chegada a hora de partir.

A audiência foi tomada de surpresa.

– Como muitos sabem, Ednaldo e eu fomos designados para o trabalho singelo de reconstrução das bases que se encontravam corroídas pelo cupim do egoísmo e do orgulho e somente conseguimos concretizar os resultados por termos recebido o apoio de todos vocês, a quem, mais uma vez, agradeço do fundo de meu coração. Somos conhecedores de que as atividades do Senhor não param em momento algum, para que o Seu reino de Amor e Paz seja instalado definitivamente na Terra em breve tempo.

– Desta forma, nossos Maiores solicitaram deste simples servo que lhes fala, que assuma outra instituição por certo período de tempo, procurando com aqueles servidores sinceros a reconstrução de suas bases.

Ednaldo continuará com vocês, na coordenação das tarefas, enquanto parto deixando um pedaço de meu coração agradecido nas mãos de cada um. Que o Senhor da Vida, Jesus Nosso Mestre e as entidades superiores, nossos maiores, continuem nos abençoando e estimulando, para que o Amor seja o nosso único objetivo. Paz para todos!

A assistência estava totalmente contagiada pela emoção e gratidão por aquele líder que conquistara o coração de todos, com seu amor e sua sabedoria. Gabriel, Alceu e Vasco, a quem o amor de Dirceu havia sido a ponte para o contato com Jesus, tinham suas faces inundadas pelas lágrimas.

Ednaldo fez a prece de encerramento, solicitando as luzes de Jesus para o amigo que partia.

Diante daquele exemplo de construção no Bem deixado por Dirceu, era necessário que voltassem ao trabalho com Jesus, em homenagem ao querido líder...

CAPÍTULO 32

Abençoado retorno

– Vasquinho, por favor, traga o pote de café que está no armário para a mamãe.

– Sim, mamãe.

– Papai disse que meu irmãozinho vai chegar logo, logo... Não é?

– Vai. Daqui a mais ou menos três meses ele estará conosco. Você deve continuar orando por ele, pedindo a Jesus que abençoe a sua chegada, conforme a mamãe lhe ensinou, está bem?

– Lá no centro, a professora disse que Jesus sempre abençoa as criancinhas e o que elas pedem, Ele atende.

– Viu só, meu querido? Então, peça que ele tenha muita saúde.

– Vou pedir muito, mamãe.

O diálogo amoroso que Silvana mantinha respeitava o nível de entendimento de Vasco reencarnado na idade de 7 anos. A mãezinha nivelava as palavras de acordo com a compreensão do filhinho que nascera com certas limitações mentais. A idade mental do menino beirava os 4 anos, e as limitações eram fruto dos desmandos ocorridos não apenas em sua última reencarnação, mas também no plano espiritual, quando trabalhou durante certo período de tempo em favor do desequilíbrio e infelicidade de seus semelhantes.

O casal estava razoavelmente bem posicionado financeiramente. Adailton, o marido de Silvana, trabalhava como pedreiro independente, enquanto ela fora contratada por uma das famílias frequentadoras do centro espírita, que sempre procurava auxiliar aquela funcionária dedicadíssima.

Os anos haviam passado tão rapidamente que a casa espírita coordenada por Ednaldo no plano espiritual e pelos competentes dirigentes da esfera física materializara toda a dedicação das duas esferas, principalmente no trabalho assistencial em nome de Jesus. Construíram em um terreno contíguo uma unidade voltada exclusivamente para a assistência social, oferecendo cursos profissionalizantes, alfabetização de adultos, trabalhos com gestantes e creche.

Muitos moradores do bairro, vários deles sendo praticantes de outras religiões, ingressavam como voluntários no serviço de assistência social. Pelo menos naquela casa abençoada, o ecumenismo era de fato a palavra de ordem. O ensinamento de Jesus cumpria-se, conforme registrado por João, 10:16: *Um só Rebanho para um só pastor.*

O foco central era a prática da caridade, base da salvação, que cobre uma multidão de pecados, conforme ensinado por Pedro em sua Primeira Carta, no capítulo 4, versículo 8.

Silvana, tendo cumprido o prazo normal de gravidez, deu à luz ao irmãozinho de Vasco. Na maternidade, o casal ainda tinha dúvidas quanto ao nome do menino, quando Vasco entrou no quarto simples, sendo conduzido pelas mãos de Aurora e Adalberto, seus avós.

A enfermeira, atenciosa, entrou minutos depois no aposento, trazendo o lindo bebê para a amamentação.

Todos se acercaram da saudável criança, com sua pele rosada, olhos azuis claros como os da avó e o cabelinho dourado como raios de sol.

Parecia olhar e reconhecer todos os que ali estavam, principalmente o menino, que se acercou um pouco mais, perguntando:

– Mamãe, papai, que nome o meu irmãozinho vai ter?

– Estamos decidindo ainda, filho – respondeu Silvana.

– Já sei, mamãe! Ele se parece com um "anjinho". O nome dele pode ser "Gabriel"...

Todos se entreolharam com surpresa e Aurora, médium de grande sensibilidade, falou:

– Abençoado seja o seu retorno, Gabriel. Que a presente jornada possa ser coroada de realizações no amor, com as bênçãos de Jesus!